Inhalt

	Seite
Methodisch-didaktische Hinweise	4
1. Der Herbstbaum	**5 - 9**
⊙ grundlegendes Niveau	5
! mittleres Niveau	6 - 7
✶ erweitertes Niveau	8 - 9
2. Ungebetener Gast	**10 - 15**
⊙ grundlegendes Niveau	10 - 11
! mittleres Niveau	12 - 13
✶ erweitertes Niveau	14 - 15
3. Erntedank	**16 - 21**
⊙ grundlegendes Niveau	16 - 17
! mittleres Niveau	18 - 19
✶ erweitertes Niveau	20 - 21
4. Warum verfärben sich die Blätter bunt?	**22 - 27**
⊙ grundlegendes Niveau	22 - 23
! mittleres Niveau	24 - 25
✶ erweitertes Niveau	26 - 27
5. Der Traumdrachen	**28 - 33**
⊙ grundlegendes Niveau	28 - 29
! mittleres Niveau	30 - 31
✶ erweitertes Niveau	32 - 33
6. Halloween	**34 - 39**
⊙ grundlegendes Niveau	34 - 35
! mittleres Niveau	36 - 37
✶ erweitertes Niveau	38 - 39
7. Durch Nacht und Nebel	**40 - 45**
⊙ grundlegendes Niveau	40 - 41
! mittleres Niveau	42 - 43
✶ erweitertes Niveau	44 - 45
8. Die freche Maus	**46 - 51**
⊙ grundlegendes Niveau	46 - 47
! mittleres Niveau	48 - 49
✶ erweitertes Niveau	50 - 51
9. Sankt Martin	**52 - 57**
⊙ grundlegendes Niveau	52 - 53
! mittleres Niveau	54 - 55
✶ erweitertes Niveau	56 - 57
Lösungen	58 - 63

Methodisch-didaktische Hinweise

In den Rahmenrichtlinien und auf den Bildungsservern aller deutschsprachigen Länder findet man überall die Kernaussage, dass Sprechen, Lesen und Schreiben die Basis für jegliches Lernen sind. In der Praxis erfahren wir täglich, dass die Lesefähigkeit die wichtigste Kompetenz für selbstständiges Lernen auch in allen anderen schulischen Fächern ist. Dabei sind die Entwicklung von Lesemotivation und Lesefreude die wichtigsten Voraussetzungen des Unterrichts.

Dem wird mit dieser jahreszeitbezogenen Lesetexte-Reihe auf unterschiedlichen Niveaustufen rund um motivierende Texte, Geschichten, Dialoge ... Rechnung getragen.

Durch Migration und Inklusion verlangt die heute veränderte Zusammensetzung der Schulklassen eine innere Differenzierung im Unterricht. Das gilt selbstverständlich auch für das Lesen. Deshalb werden die Lesetexte 3-fach differenziert angeboten.

Für den praktischen Einsatz im Unterricht bedeutet das, dass alle Schüler, angepasst an ihren persönlichen Leistungsstand, an dem gleichen Thema arbeiten können, was spätere inhaltliche Reflexionen im Klassenverband erleichtert.

Die Differenzierungen zeigen sich in den unterschiedlichen Anforderungen an den Textumfang, den verschiedenen Schwierigkeitsgraden des Satzbaus und in den unterschiedlichen Arbeitsaufgaben. So findet man im Grundniveau überwiegend kurze knappe Hauptsätze, während im Expertenniveau auch längere und verschachtelte Sätze vorkommen.

Die inhaltlich gleichen Vorlagen sind in 3 unterschiedlichen Niveaustufen verfasst:

⊙ = grundlegendes Niveau

! = mittleres Niveau

★ = erweitertes Niveau

Allen Lernenden wird das ihrem Leistungsvermögen entsprechende Textverstehen ermöglicht. An die jeweiligen Lesetexte schließen sich verschiedene Übungsaufgaben bzw. Lernzielkontrollen an. Auch diese sind natürlich in den verschiedenen Niveaustufen verfasst.

Zur leichteren Überprüfung findet man am Ende die entsprechenden Lösungen.

Auch die Lesetexte sind im Inhalt nach Schwierigkeitsgrad sortiert.

Viel Freude und Erfolg beim Einsatz der Materialien wünscht Ihnen das Redaktionsteam des Kohl-Verlages.

1. Der Herbstbaum

„Herbst im Klassenzimmer" ist dieses Jahr das Thema unseres Projektunterrichts. Meine Gruppe mit Leonie, Maria und Jana entscheidet sich für das Thema „Herbstbaum".

Und so machen wir es: Wir gehen alle zusammen in den Wald. Dort sammeln wir Materialien wie z.B. Eicheln, Kastanien, Zapfen, Moos, Bucheckern, besonders schöne Blätter, Baumrinde und was wir sonst noch finden.

Zum Basteln besorgt Leonie dicke Pappe. Maria und Jana bringen Bleistift, Radiergummi, Schere und Kleber mit. Nach der Schule gehen wir in den Wald.

Dort finden wir sogar noch Schalen von Haselnüssen, Kastanien und vertrocknete Blüten. Wir machen uns bei mir zuhause sofort an die Arbeit. Mama backt uns Muffins, die wir sofort essen.

Nun zeichnet Maria den Umriss eines Baumes auf ein Papier. Dann legt Jana den augeschnittenen Umriss auf die Pappe und zeichnet ihn nach. Nun schneide ich den Baum aus der Pappe aus. Dann streiche ich Kleber auf den Stamm des Baumes. Die anderen drücken Rinde fest auf den Kleber.

Auf einem Extrablatt ordnen wir jetzt die Eicheln, Kastanien, Zapfen, Bucheckern, Blätter, Schalen und Blüten rund wie eine Baumkrone an. Nun kleben wir sie genau so wie auf dem Papier auf der Pappe fest.

Jetzt muss alles noch trocknen. Am nächsten Tag trage ich den getrockneten Baum ganz vorsichtig in einer großen Baumwolltasche in die Schule.

Unten am Stamm kleben wir noch ein wenig Moos und einige Blätter an. Wir sind uns einig: Das ist ein toller Herbstbaum!

Aufgabe 1

Lies den Text und zeichne ein Bild des fertigen Herbstbaumes auf ein Extrablatt. Beachte dabei die verwendeten Materialien.

Aufgabe 2

Bringe den Ablauf der Geschichte in die richtige Reihenfolge.

- [ ] Wir essen Muffins.
- [ ] Im Wald sammeln wir Kastanien, Eicheln und andere Dinge.
- [ ] Wir streichen Kleber auf den Stamm des Pappbaumes.
- [ ] Der Herbstbaum muss jetzt trocknen.
- [ ] Leonie besorgt dicke Pappe.
- [ ] Leonie, Maria, Jana und ich entscheiden uns für das Thema „Herbstbaum".

1. Der Herbstbaum

Ich mag Projektunterricht sehr. In diesem Jahr gibt unsere Klassenlehrerin das Thema „Herbst im Klassenzimmer" aus. Meine Gruppe mit Leonie, Maria und Jana entscheidet sich für das Thema „Herbstbaum".

Wir planen und machen es so: Im Wald sammeln wir gemeinsam Materialien wie z.B. Eicheln, Kastanien, Zapfen, Moos, Bucheckern, Blätter, Baumrinde und mehr.

Leonie besorgt dicke Pappe und Papier. Maria und Jana sorgen für Bleistift, Radiergummi, Schere und Kleber. Da es heute nicht regnet, treffen wir uns nach der Schule bei mir daheim und gehen in den Wald.

Wir finden im Wald hinter unserem Haus sogar noch Schalen von Haselnüssen, Kastanien und vertrocknete Blüten. Zu Hause backt Mama uns Schokomuffins, die wir sofort essen.

Nun geht es los. Maria zeichnet den Umriss eines Baumes auf ein Papier und schneidet ihn aus. Jana legt den Umriss auf die Pappe und überträgt ihn mit Bleistift auf die Pappe. Ich schneide dann den Baum aus. Pappe zu schneiden ist gar nicht so einfach! Wir streichen Kleber auf den Stamm und drücken die Rinde darauf fest.

Auf einem Extrablatt ordnen wir die gesammelten Materialien an und gestalten sie zu einer Baumkrone. Ich bestreiche die Baumkrone der Pappe mit Kleber, dann kleben wir die Baumfrüchte wie auf dem Blatt angeordnet auf die Pappe auf.

Jetzt muss unser Herbstbaum bis morgen trocknen. Meine Gruppe ist nicht nur beim Lernen ein tolles Team! Am nächsten Tag trage ich den getrockneten Baum ganz vorsichtig in einer großen Baumwolltasche in die Schule.

Unten an den Stamm kleben wir noch ein wenig Moos und einige Blätter. Auf unsere Präsentation freuen wir uns schon. Wir sind uns einig: Das ist ein toller Herbstbaum!

Aufgabe 1

Male den Herbstbaum in den Kasten. Beschreibe ihn mit deinen eigenen Worten.

1. Der Herbstbaum

Aufgabe 2

Bringe den Ablauf der Geschichte in die richtige Reihenfolge.

☐ Ich trage den getrockneten Baum in die Schule.

☐ Jana überträgt den Umriss mit Bleistift auf die Pappe.

☐ Unsere Gruppe plant das Thema "Herbstbaum".

☐ Leonie besorgt dicke Pappe.

☐ Wir sammeln im Wald Materialien.

☐ Mit den gesammelten Materialien gestalten wir die Baumkrone.

Aufgabe 3

Kreuze die richtigen Aussagen an.

		Richtig	Falsch
a)	Meine Gruppe mit Leonie, Maria und Jana entscheidet sich für das Thema „Herbstbaum".		
b)	Maria und Leonie sorgen für Bleistift, Radiergummi, Schere und Kleber.		
c)	Zu Hause backt Papa Kuchen.		
d)	Jana legt den Umriss auf die Pappe und überträgt ihn mit Bleistift.		
e)	Jana schneidet den Baum aus der Pappe aus.		
f)	Leonie trägt den getrockneten Baum ganz vorsichtig in die Schule.		

Aufgabe 4

Beantworte die Fragen zum Text in vollständigen Sätzen.

a) Wer backt Muffins? _____

_____

b) Für welches Thema entscheidet sich die Gruppe? _____

_____

1. Der Herbstbaum

Ich mag Projektunterricht sehr. In diesem Jahr gibt unsere Klassenlehrerin Frau Thiele uns das Thema „Herbst im Klassenzimmer". Ein gutes Thema! Meine Gruppe mit Leonie, Maria und Jana entscheidet sich für das Thema „Herbstbaum". Wir fangen sofort an und schreiben auf, wie wir vorgehen und was wir brauchen.

Und so machen wir es: Wir gehen alle zusammen in den Wald und sammeln Materialien wie z.B. Eicheln, Kastanien, Zapfen, Moos, Bucheckern, besonders schöne Blätter, Baumrinde und was wir sonst noch finden.

Dann teilen wir die Materialien zum Basteln auf. Leonie besorgt dicke Pappe und Papier. Maria und Jana sorgen für Bleistift, Radiergummi, Schere und Kleber. Nach der Schule treffen wir uns bei mir daheim. Meine Mutter backt uns meine Lieblings-Schokomuffins. Wir finden unsere Ideen so super, dass wir gleich heute Nachmittag in den Wald gehen. Es regnet nicht – ausgezeichnet!

Wir finden im Wald hinter unserem Haus sogar noch Schalen von Haselnüssen, Kastanien und vertrocknete Blüten. Wir machen uns bei mir zuhause sofort an die Arbeit. Aber erst einmal verputzen wir die Muffins, die meine Mama tatsächlich für uns gebacken hat. Die Limo fehlt natürlich auch nicht!

Dann geht es los. Maria zeichnet den Umriss eines Baumes auf ein Papier und schneidet ihn aus. Jana legt den Umriss auf die Pappe und überträgt ihn. Ich schneide dann den Pappbaum aus. Pappe zu schneiden ist gar nicht so einfach! Dann streiche ich Kleber auf den Stamm des Baumes. Die anderen bereiten die Rinde vor und drücken sie fest auf den Kleber auf dem Baumstamm.

Auf einem Extrablatt ordnen wir jetzt die Eicheln, Kastanien, Zapfen, Bucheckern, Blätter, Schalen und Blüten an und legen sie zur Baumkrone. Einen Teil der Baumkrone auf der Pappe bestreiche ich mit Kleber. Leonie und Maria kleben die Baumfrüchte so auf, wie wir sie auf dem Vorlagenblatt liegen haben. Ebenso verfahren wir mit dem Rest der Baumkrone.

Das war es für heute, da jetzt alles trocknen muss. Wir hören in meinem Zimmer noch Musik, die wir alle vier cool finden – meine Gruppe ist nicht nur beim Lernen ein tolles Team! Am nächsten Tag packe ich den getrockneten Baum in eine große Baumwolltasche und trage ihn ganz vorsichtig in die Schule.

In der Schule kleben wir unten an den Stamm noch ein wenig Moos und einige Blätter. Wir können die Präsentation kaum erwarten und sind schon ganz gespannt auf die Ergebnisse der anderen Gruppen mit den Themen „Erntedank", „Baumbuch" und „Naturbilder". Unser „Herbstbaum" ist natürlich die Nummer 1, oder?

Aufgabe 1

Nach der gelungenen Herbstbaum-Präsentation schreibst du deiner Oma einen Brief darüber. Erzähle, wie ihr den Baum hergestellt habt und wie eure Präsentation verlaufen ist. Schreibe den Brief in dein Heft/in deinen Ordner. Lies dir dazu den Bastelablauf noch einmal genau durch.

1. Der Herbstbaum

Aufgabe 2

Führe die Satzanfänge so sinnvoll fort, dass sie, in die richtige Reihenfolge gebracht, den Bastelablauf des Herbstbaumes erzählen.

☐ Pappe und Papier _____.

☐ Den Baumumriss _____.

☐ Die Präsentatin _____.

☐ Im Wald sammeln _____.

☐ Die Rinde kleben _____.

☐ In einer Baumwolltasche _____.

☐ Unser Projektthema ist _____.

Aufgabe 3

Kreuze die richtigen Aussagen an.

		Richtig	Falsch
a)	Frau Thiele ist die Mathematiklehrerin.		
b)	Die Gruppe sammelt Materialien wie z.B. Eicheln, Kastanien, usw. im Wald.		
c)	Es regnet.		
d)	Eine Mutter backt Schokomuffins.		
e)	Maria schneidet den Umriss eines Baumes aus.		
f)	Nach dem Basteln schaut die Gruppe noch fernsehen.		

Aufgabe 4

Beantworte die Fragen zum Text in vollständigen Sätzen.

a) Wozu wird die Pappe benötigt? _____
_____

b) Wozu dient die Baumwolltasche? _____
_____

2. Ungebetener Gast

„Endlich alleine zuhause", denkt Nina und setzt sich gemütlich auf das Sofa. In der Hand hat sie eine Schüssel Popcorn. Ihre Eltern sind bei Freunden eingeladen. Sie ist alleine und hat genügend Zeit, um fernzusehen. Nina schaut einen lustigen Film. Die leisen Geräusche auf dem Balkon hört sie zunächst nicht. Erst als sie umschaltet und es kurz ruhig ist, bemerkt sie etwas.

„Was war das?" Sie stellt den Fernseher leise und lauscht. Nichts! Alles ruhig. „Warum ist die Balkontür gekippt?", denkt Nina. Sie steht gerade auf und will die Tür schließen, als sie wieder das Geräusch von draußen bemerkt. Sie hört ein Rascheln, Wühlen und Schmatzen. „Ein Einbrecher", schießt es ihr durch den Kopf. Sie rennt schnell durchs Wohnzimmer und sucht ihr Handy. Sie kann es aber nicht finden. Deshalb eilt sie zum Telefon im Flur. Sie gibt schnell die Handynummer ihrer Mutter ein. „Kein Anschluss unter dieser Nummer", tönt es aus dem Hörer. Sie hat sich verwählt. Nina probiert es noch einmal, eilt zurück ins Wohnzimmer und schaltet alle Lichter an. „Licht vertreibt doch Einbrecher, oder nicht?", denkt sie. Doch kurz darauf hört sie wieder das Rascheln und Schmatzen vor der Tür. Nina bekommt Angst. Sie rennt in die Küche und bewaffnet sich mit einem Nudelholz. Endlich ertönt im Telefonhörer das Freizeichen. Sie wartet, doch ihre Mutter geht nicht ans Telefon. „Das darf doch nicht wahr sein!" ruft sie und wählt schnell die Nummer ihres Vaters. Sie will gerade wieder auflegen, als sie die Stimme ihres Vaters hört: „Nina?" Nina unterbricht ihren Vater und schreit in den Hörer: „Kommt sofort her, draußen auf dem Balkon ist ein Einbrecher!" Wenige Minuten später sind ihre Eltern da.

„Das ist bestimmt ein Tier", versuchen die Eltern Nina zu beruhigen. Ihr Vater öffnet vorsichtig die Terrassentür und leuchtet mit der Taschenlampe nach draußen. Es ist nichts zu sehen. „Das gibt es doch nicht! Ich habe mir das sicher nicht eingebildet", flüstert Nina. Da hören sie das Rascheln. Ein kleiner Haufen Laub im Garten bewegt sich. Ninas Vater lacht: „Ja, wen haben wir denn da?" Er hebt vorsichtig das Laub an. Sie sehen einen kleinen Igel. Neben ihm liegt ein angenagter Apfel. Als der ungebetene Gast Nina und ihre Eltern sieht, flüchtet der sofort in die nächste Hecke und ist verschwunden.

Aufgabe 1

Lies den Text und bringe die Sätze in die richtige Reihenfolge.
Schreibe die Sätze korrekt ab.

a) Ihre Eltern kommen nach Hause und beruhigen Nina.

b) Nina ist alleine zuhause.

c) Sie ruft ihren Vater an.

d) Nina bekommt Angst.

e) Sie hört draußen Geräusche.

f) Sie beschließt, fernzusehen.

2. Ungebetener Gast

Aufgabe 2

Wer sagt was? Ordne zu, indem du verbindest!

a) „Licht vertreibt doch Einbrecher, oder nicht?"
b) „Das ist bestimmt ein Tier."
c) „Endlich alleine zuhause!"
d) „Ja, wen haben wir denn da?"
e) „Warum ist die Balkontür gekippt?"
f) „Nina?"

☐ **Nina**

☐ **Ninas Vater**

☐ **Ninas Eltern**

Aufgabe 3

Kreuze die richtige Antwort an.

a) Nina schaut fern. Was hat sie in der Hand?

☐ *Gummibärchen*
☐ *Popcorn*
☐ *Eis*

b) Wie ist der Film, den sie schaut?

☐ *traurig*
☐ *gruselig*
☐ *lustig*

c) Nina hört ein Geräusch. Was macht sie als erstes?

☐ *Sie schließt die Türe.*
☐ *Sie stellt den Fernseher leiser.*
☐ *Sie ruft ihre Eltern an.*

Aufgabe 4

Ordne die Sätze.

Zu welchem Abschnitt der Geschichte passt die Überschrift „Das Gruseln hat ein Ende"?

2. Ungebetener Gast

„Endlich alleine zuhause", denkt Nina und macht es sich mit einer Schüssel Popcorn auf dem Sofa gemütlich. Ihre Eltern sind an diesem Abend bei Freunden eingeladen. Nina hat genügend Zeit, um fernzusehen. Sie entscheidet sich für den lustigen Film im Ersten. Zunächst bemerkt sie die leisen Geräusche vor der Balkontür nicht. Erst als sie umschaltet und es kurz ruhig ist, kann sie etwas hören.

Was war das? Irritiert stellt sie den Fernseher leise und horcht konzentriert nach draußen. „Nichts! Alles ruhig. Aber warum ist die Balkontür gekippt?", denkt Nina. Sie steht gerade auf, um die Tür zu schließen, als sie erneut die Geräusche von draußen hört. Es klingt wie ein Rascheln und Wühlen. „Da schmatzt doch jemand! Ein Einbrecher", schießt es ihr durch den Kopf. Sie rennt durchs Wohnzimmer und sucht ihr Handy. In der Eile kann sie es aber nicht finden und läuft weiter zum Telefon in der Diele. Hastig gibt sie die Handynummer ihrer Mutter ein. „Kein Anschluss unter dieser Nummer", ertönt es aus dem Hörer. Sie hat sich wohl vertippt. Erneut wählt sie, eilt ins Wohnzimmer und schaltet alle Lichter an. „Licht ist gut gegen Einbrecher, oder nicht?", denkt sie. Kurz darauf hört sie aber wieder das Rascheln und Schmatzen vor der Tür. Nina bekommt Angst. Sie rennt in die Küche und bewaffnet sich mit einem Nudelholz. Im Telefon ist endlich das Freizeichen zu hören. Nina lässt es lange klingeln, doch ihre Mutter geht nicht dran. „Nein!" Schnell ruft sie ihren Vater an. Endlich hört sie seine Stimme: „Nina?" Sie lässt ihn aber nicht zu Wort kommen und schreit verzweifelt in den Hörer: „Komm sofort! Auf dem Balkon ist ein Einbrecher!"

Nina hat große Angst. Obgleich ihre Eltern schon kurze Zeit später eintreffen, hat sie das Gefühl, sie müsste qualvoll lange Stunden warten.

„Das ist bestimmt ein Tier", versuchen die Eltern Nina zu beruhigen. Ihr Vater macht ganz vorsichtig die Terrassentür auf und leuchtet mit der Taschenlampe die Terrasse ab. Es ist nichts zu sehen. „Das gibt´s doch nicht! Ich habe mir das sicher nicht eingebildet", flüstert Nina. Und da hören sie wieder das Rascheln. Ein kleiner Haufen Laub an der Gartengrenze bewegt sich. Ninas Vater lacht, „Ja, wen haben wir denn da?" Langsam hebt er das Laub an. Sie sehen einen kleinen Igel. Neben ihm liegt ein angenagter Apfel. Der ungebetene Gast schaut ängstlich auf und rennt weg. Er versteckt sich in der nächsten Hecke und ist nicht mehr zu sehen.

Aufgabe 1

Lies den Text und bringe die Sätze in die richtige Reihenfolge. Schreibe die Sätze korrekt ab.

a) Ihre Eltern kommen nach Hause und beruhigen Nina.

b) Nina macht das Licht an und bewaffnet sich dann mit einem Nudelholz.

c) Nina ist alleine zuhause und beschließt fernzusehen.

d) Sie verwählt sich auf dem Telefon.

e) Sie ruft ihren Vater an.

f) Ihr Vater schaut draußen nach und findet den ungebetenen Gast.

g) Nina bekommt Angst und sucht ihr Handy.

h) Sie hört draußen Geräusche.

2. Ungebetener Gast !

Aufgabe 2

*Wer sagt was? Schreibe auf die Linien die passende Person.
Unterstreiche mit blau das Gesprochene und mit rot den Begleitsatz und setze passend die Satzzeichen.*

- _____fragt sich: Licht vertreibt doch Einbrecher, oder nicht
- Das ist bestimmt ein Tier, sprechen beruhigend _____.
- Endlich alleine zuhause denkt sich _____.
- _____ sagt: Ja, wen haben wir denn da?
- Warum ist die Balkontür gekippt fragt sich _____.
- Nina? spricht _____.

Aufgabe 3

Schreibe die Sätze zu Ende.

a) Nina kann die Geräusche auf dem Balkon erst hören, als _____
_____.

b) Nina bekommt Angst, weil _____
_____.

c) Als Ninas Vater das Laub anhebt, _____
_____.

Aufgabe 4

*Ordne diese Überschriften passend zum Text in die richtige Reihenfolge.
Die Großbuchstaben ergeben ein Lösungswort.*

- G ☐ Der Einbrecher auf dem Balkon
- L ☐ Das Gruseln hat ein Ende
- I ☐ Ein gemütlicher Fernsehabend
- E ☐ Qualvolles Warten

2. Ungebetener Gast

„Endlich alleine", denkt Nina und macht es sich mit einer Schüssel Popcorn auf der Couch bequem. Ihre Eltern sind zu einem Geburtstag bei Freunden eingeladen. Nina hat an diesem Abend genug Zeit zum Fernsehen. Sie entscheidet sich für die lustige Komödie im Ersten. Zunächst nimmt sie die leisen Geräusche vor der Balkontür nicht wahr. Erst als sie umschaltet, und es kurz ruhig ist, hört sie etwas.

„Was war das?" Irritiert stellt sie den Fernseher auf lautlos und horcht konzentriert nach draußen. „Nichts! Alles ruhig. Doch warum ist die Balkontür gekippt?", denkt Nina und steht auf, um die Tür zu schließen. Da hört sie erneut das Geräusch von draußen. Es klingt wie ein Rascheln und Wühlen. „Da schmatzt doch jemand! Ein Einbrecher!", schießt es ihr durch den Kopf. Voller Angst rennt sie durchs Wohnzimmer und sucht verzweifelt ihr Handy. In der Eile kann sie es aber nicht finden. Sie nimmt das Telefon in der Diele. Hastig gibt sie die Handynummer ihrer Mutter ein. „Kein Anschluss unter dieser Nummer", ertönt es aus dem Hörer. In der Hektik hat sie sich wohl vertippt. Sie probiert es erneut, eilt zurück ins Wohnzimmer und schaltet alle Lichter an. „Licht vertreibt doch Einbrecher, oder nicht?", denkt sie. Doch kurz darauf hört sie erneut das Rascheln und Schmatzen vor der Tür. Ihr läuft es kalt über den Rücken. Sie rennt in die Küche und bewaffnet sich mit einem Nudelholz. Endlich ertönt im Telefon das Freizeichen. Nina fällt vor Erleichterung ein Stein vom Herzen. Sie lässt es lange klingeln, doch ihre Mutter geht nicht ran. „Das darf doch nicht wahr sein!" Schnell ruft sie ihren Vater an. Endlich hört sie seine vertraute Stimme: „Nina?" Doch sie lässt ihn nicht zu Wort kommen. Verzweifelt schreit sie in den Hörer: „Komm sofort her! Auf dem Balkon ist ein Einbrecher!"

Ihre Eltern lassen nicht lange auf sich warten. Für Nina fühlt sich dennoch die kurze Zeit wie tausend qualvolle lange Stunden an.

„Das ist bestimmt ein Tier", versuchen die Eltern die völlig aufgelöste Nina zu beruhigen. Ihr Vater macht ganz vorsichtig die Terrassentür auf und leuchtet mit der Taschenlampe nach draußen. Es ist nichts zu sehen. „Das gibt es doch nicht! Ich habe mir das sicher nicht eingebildet", flüstert Nina. Plötzlich hören sie erneut das Rascheln. Ein kleiner Haufen Laub am angrenzenden Garten bewegt sich. Ninas Vater lacht: „Ja, wen haben wir denn da?" Langsam hebt er den Laubhaufen an. Sie sehen einen kleinen Igel. Neben ihm liegt ein angenagter Apfel. Der ungebetene Gast bekommt es mit der Angst zu tun und flüchtet. Er versteckt sich in der nächsten Hecke und ist nicht mehr zu sehen.

Aufgabe 1

Lies den Text und bringe die Sätze __aus dem Gedächtnis__ in die richtige Reihenfolge. Nummeriere und schreibe die Sätze korrekt ab.

a) Ihre Eltern kommen nach Hause und beruhigen Nina.

b) Nina macht das Licht an und bewaffnet sich dann mit einem Nudelholz.

c) Nina ist alleine zuhause und beschließt fernzusehen.

d) Sie verwählt sich auf dem Telefon.

e) Sie ruft ihren Vater an.

f) Ihr Vater schaut draußen nach und findet den ungebetenen Gast.

g) Nina bekommt Angst und sucht ihr Handy.

h) Sie hört draußen Geräusche.

2. Ungebetener Gast ★

Aufgabe 2

Die folgenden Aussagen sind falsch. Korrigiere sie.

a) Nina ist alleine zu Hause, weil ihre Eltern in den Urlaub gefahren sind.

_____

_____.

b) Als Nina Geräusche hört, ruft sie zuerst ihre Eltern an und stellt dann den Fernseher leiser.

_____

_____.

c) Erst ruft Nina ihren Vater und danach ihre Mutter an.

_____

_____.

Aufgabe 3

Wer sagt was? Schreibe auf, wie das Telefongespräch zwischen Nina und Ninas Eltern wohl ausgesehen hat. Schreibe zu jeder Person mindestens noch drei weitere Sätze. Vergiss die Satzzeichen und die Begleitsätze nicht.

Nina hört das Freizeichen: „Nun mach schon, Papa, nimm ab!"

„Nina?" ruft Ninas Vater in den Hörer.

Nina schreit schon fast: „….."

Die Mutter fragt besorgt: „Was …..?"

Aufgabe 4

a) Überlege dir eine andere Überschrift für die Geschichte.

b) Erzähle oder erfinde eine eigene Igelgeschichte.

3. Erntedank

Viele Menschen bedanken sich jedes Jahr für eine gute Ernte. Die Christen nennen dieses Fest Erntedank. Sie feiern es meist am ersten Sonntag im Oktober. Dann ist die Erntezeit vorbei.

An Erntedank wird für alles gedankt, was im Garten und auf dem Feld gewachsen ist. Eine gute Ernte sorgt dafür, dass alle genug zu essen haben. Doch für eine gute Ernte kann der Mensch nicht alleine sorgen. Er braucht dazu Gottes Hilfe. An Erntedank wird daran erinnert und Gott für seine Hilfe Danke gesagt.

Erntedank wird meist in der Kirche gefeiert. Dazu bringen die Gottesdienstbesucher etwas mit, was sie geerntet haben. Sie legen es vor den Altar. Dort kann man an diesem Tag Obst, Gemüse, Brot, Getreide und andere Naturprodukte sehen. Das sieht sehr schön aus und duftet gut. Oft macht die ganze Gemeinde nach dem Gottesdienst noch einen festlichen Umzug. Diesen Umzug nennt man Prozession. Nach dem Gottesdienst und der Prozession werden die mitgebrachten Sachen in vielen Gemeinden an Menschen verschenkt, die nicht so viel Geld haben.

Erntedank wird auch in anderen Ländern gefeiert. Das Fest findet dann manchmal im Frühjahr oder Sommer statt. Mit Gebeten und Liedern wird für das gute Wetter gedankt. Ohne gutes Wetter keine gute Ernte.

Schon lange vor Christi Geburt wurde Erntedank gefeiert. Wenn wir heute dieses Fest feiern, übernehmen wir manches, was früher schon in Nordamerika, Israel, Griechenland oder dem römischen Reich üblich waren.

In Amerika wird der Erntedank „Thanksgiving" genannt. Thanksgiving wird am vierten Donnerstag im November gefeiert. Dieser Tag ist in ganz Amerika ein Feiertag. An diesem Tag wird gerne Truthahn, eine Hühnerart, gegessen. In Amerika wird an Thanksgiving nicht nur für die Ernte gedankt, sondern auch für alles Gute und den Erfolg im Beruf.

Aufgabe 1

Beantworte die Fragen in vollständigen Sätzen.

a) In welcher Jahreszeit wird das Erntedankfest in Deutschland gefeiert?

_____

b) Nenne drei Gaben, die zum Erntedankfest mitgebracht werden.

_____

3. Erntedank

Aufgabe 2

Welche Antwort ist korrekt? Kreuze sie an.

a) In welchem Land nennt man das Erntedankfest „Thanksgiving"?
- ☐ Polen
- ☐ Amerika
- ☐ Deutschland

b) Was gehört in einen Erntedankkorb?
- ☐ Spielzeug und Handy
- ☐ Obst und Gemüse
- ☐ Hühner und Hamster

Aufgabe 3

Schreibe den Satz zu Ende.

a) Für eine gute Ernte ...
_____

b) Erntedank wird ...
_____

c) Mit Gebeten und Liedern ...
_____

d) Oft macht die Gemeinde nach dem Gottesdienst ...
_____

Aufgabe 4

Male einen Erntedankkorb. Male in den Korb zwei Äpfel, eine Birne, eine Flasche Apfelsaft, eine Banane, eine Brot, Weintrauben und fünf Pflanzen. Verziere den Korb mit bunten Blättern.

3. Erntedank !

Wie das Wort bereits erklärt, danken an diesem Fest Menschen für die Ernte. Erntedank wird daher auch im Herbst, wenn die Ernte beendet ist, gefeiert. Meist ist dies am ersten Sonntag im Oktober. Dabei wird Gott für die Ernte, aber auch allgemein für den Ertrag in Landwirtschaft und Garten gedankt. Außerdem erinnert das Fest daran, dass es nicht alleine in der Hand des Menschen liegt, wenn die Ernte gut war und so ausreichend Nahrung vorhanden ist.

Die Feier des Erntedanks findet meist in der Kirche statt. Die Gottesdienstbesucher bringen Feldfrüchte, Getreide, Obst und andere Naturprodukte mit und legen sie vor den Altar. Dort werden sie dekorativ zur Schau gestellt und im Gottesdienst gesegnet. In katholischen Gemeinden findet oft nach dem Gottesdienst eine Prozession durch den Ort statt. Das ist ein Festzug, an dem alle Gottesdienstbesucher teilnehmen.

An diesem Tag ist an manchen Orten eine sogenannte „Erntekrone" zu bestaunen. Sie wird aus Getreide und Weinreben geflochten und sieht aus wie eine große Königskrone.

Viele Gemeinden verteilen die für den Gottesdienst mitgebrachten Lebensmittel an Menschen, die nicht so viel Geld haben oder an soziale Einrichtungen. Dies sind zum Beispiel Altersheime.

Der Erntedank wird auch in anderen Kulturkreisen gefeiert, manchmal finden die Feste dafür auch im Frühjahr oder Sommer statt. Mit Gebeten und Gesängen wird für die gute Ernte und das günstige Wetter gedankt.

Feiern zum Erntedank gibt es schon seit der Zeit vor Christi Geburt. Viele Rituale aus Nordamerika, Israel, Griechenland oder dem römischen Reich wurden bei uns übernommen.

In den USA wird der Erntedank „Thanksgiving" genannt. Thanksgiving wird am vierten Donnerstag im November gefeiert. An diesem staatlichen Feiertag wird in den USA traditionell Truthahn gegessen. Dies ist eine Hühnerart. Thanksgiving ist in den USA außerdem ein allgemeines Dankesfest für alles Gute und den Erfolg im Beruf.

Aufgabe 1

Beschreibe, was auf dem Bild zu sehen ist. Schreibe in dein Heft/ in deinen Ordner.

3. Erntedank

Aufgabe 2

Welche Antwort ist korrekt? Kreuze sie an.

a) Wofür wird in Europa an Erntedank gedankt?

☐ Für den Frieden in der Welt
☐ Für eine neue Spielkonsole
☐ Für Christi Geburt
☐ Für die Ernte und das günstige Wetter

b) Was gehört in einen Erntedankkorb?

☐ Bonbons und Schokoriegel
☐ Feldfrüchte
☐ Computer
☐ Sportschuhe

Aufgabe 3

Vervollständige die Sätze.

a) Es liegt nicht alleine in der Hand des Menschen,

_____.

b) Die mitgebrachten Feldfrüchte

_____.

c) Eine Erntekrone wird aus

_____.

d) An Thanksgiving wird in Amerika

_____.

Aufgabe 4

Zeichne einen Erntedankkorb. Lege mindestens fünf verschiedene Dinge hinein und verziere den Korb mit bunten Bändern.

3. Erntedank

Wie das Wort bereits erklärt, möchten Menschen, hauptsächlich Christen sich für ihre Ernte bedanken. Das Fest des Erntedanks wird daher nach der Ernte im Herbst, meist am ersten Sonntag im Oktober gefeiert. Es wird Gott für die Ernte, aber auch allgemein für den Ertrag in Landwirtschaft und Garten gedankt. Außerdem erinnert das Fest daran, dass es nicht selbstverständlich ist, genug Nahrung zu haben. Der Mensch hat es nicht alleine in der Hand, ob die Ernte erfolgreich ist und so genug zum Essen vorhanden ist.

Die Feier des Erntedanks findet meist in der Kirche statt. Die Gottesdienstbesucher bringen Feldfrüchte, Getreide, Obst und andere Naturprodukte mit und legen sie vor den Altar. Dort werden sie dekorativ zur Schau gestellt und im Gottesdienst gesegnet. Nach dem Gottesdienst findet in katholischen Gemeinden oft eine Prozession durch den Ort statt. Das ist ein Festzug, an dem alle Gottesdienstbesucher teilnehmen.

In manchen Orten ist an diesem Tag eine sogenannte „Erntekrone" zu bestaunen. Sie wird aus Getreide und Weinreben geflochten und sieht aus wie eine große Königskrone.

Nach dem Gottesdienst und der Prozession verteilen viele Gemeinden die Erntegaben an Bedürftige oder Hilfseinrichtungen. Dies sind zum Beispiel Altersheime, Obdachlosenwohnheime oder soziale Einrichtungen.

Der Erntedank wird auch in anderen Ländern und Kulturkreisen gefeiert. Manchmal finden die Feste dafür im Frühjahr oder Sommer statt. Mit Gebeten und Gesängen wird für die gute Ernte und das günstige Wetter gedankt.

Erntedank wurde schon lange vor Christi Geburt gefeiert. Die heutigen Rituale kommen teilweise aus Nordamerika, Israel, Griechenland und sogar dem römischen Reich.

In den USA wird der Erntedank „Thanksgiving" genannt. Er findet am vierten Donnerstag im November statt. In den USA ist dies ein staatlicher Feiertag, an dem traditionell Truthahn gegessen wird. Dies ist eine nordamerikanische Hühnerart. Thanksgiving ist in den USA außerdem ein allgemeines Dankesfest für alles Gute und den Erfolg im Beruf.

Aufgabe 1

Beschreibe die Szene in deinem Heft/in deinem Ordner.

3. Erntedank

Aufgabe 2 *Welche Antwort ist korrekt? Kreuze sie an.*

a) Wofür wird in Europa an Erntedank gedankt?
- ☐ Für den Frieden in der Welt
- ☐ Für eine neue Spielkonsole
- ☐ Für Christi Geburt
- ☐ Für die Ernte und das günstige Wetter

b) Was gehört in einen Erntedankkorb?
- ☐ Bonbons und Schokoriegel
- ☐ Feldfrüchte
- ☐ Computer
- ☐ Sportschuhe

c) Wann wird Erntedank in Europa gefeiert?
- ☐ Im Frühling
- ☐ Am ersten Sonntag im Oktober
- ☐ Kurz vor Weihnachten
- ☐ Am letzten Sonntag im August

Aufgabe 3 *Vervollständige die Sätze. Schreibe sie in dein Heft/in deinen Ordner.*

a) Feldfrüchte, Obst und Gemüse werden...

b) Während des Gottesdienstes werden...

c) Soziale Einrichtungen profitieren von den Erntedankgaben...

d) Thanksgiving ist in Amerika auch....

Aufgabe 4 *Beschreibe deiner Großmutter deinen Erntedankkorb. Was hattest du eingepackt? Wo stand der Korb beim Gottesdienst? Was passierte dann mit den Dingen?*

4. Warum verfärben sich die Blätter bunt?

Wenn du das Wort Herbst hörst, denkst du sicher gleich an die schönen bunten Blätter. Bevor die Blätter abfallen, leuchten sie in den Farben Gelb, Orange, Rot und Braun. Hast du dich nicht schon oft gefragt, warum sich die Blätter im Herbst bunt färben?

Damit sich ein Blatt in einer bestimmten Farbe färben kann, muss dieser Farbstoff in dem Blatt vorhanden sein.

Es ist erstaunlich und nicht gleich zu erkennen, aber jedes Pflanzenblatt enthält im Frühjahr oder Sommer bereits mehrere Farbstoffe.

Die grüne Farbe (Blattgrün) in jedem Blatt nennt man Chlorophyll. Dieses Blattgrün ist so kräftig, das es andere Farben überdeckt.

Das Chlorophyll soll aber nicht nur die Blätter grün färben, sondern ist auch für die Ernährung des Baumes oder der Pflanze wichtig. Im Herbst zieht die Pflanze das Chlorophyll zurück in Stamm, Äste und Zweige. Nun fehlt die grüne Farbe in den Blättern. Die anderen vorhandenen, aber bis dahin von grün überdeckten Farben, werden sichtbar. Dies ist beispielsweise die Farbe Gelb.

Aber halt, die Blätter im Herbst sind doch nicht nur gelb, oder? Richtig! Der Farbton Rot entsteht auch durch das Abziehen des Chlorophylls in Stamm und Äste. Er entsteht sozusagen total neu und das ist sehr aufwändig in der kurzen Zeit des Verfärbens der Blätter. Für das Abwandern des Chlorophylls braucht der Baum nämlich Enzyme, dies sind Stoffe, die bestimmte biochemische Prozesse veranlassen.

Solche Enzyme sind aber sehr empfindlich und vertragen kein Licht. Der rote Farbstoff schützt also die Enzyme. Denn die Enzyme transportieren wichtige Bestandteile des Blattgrüns in Stamm oder Äste.

Außerdem ist Rot eine sogenannte Signalfarbe, die „Achtung" oder „Vorsicht" bedeutet. So soll die rote Farbe auch eine Botschaft für Insekten sein. Diese legen nämlich im Herbst ihre Eier auf Blätter ab. Ist ein Blatt nun rot, ist das Insekt gewarnt, denn es weiß, dass dieses Blatt bald abstirbt und mit ihm dann die daraufgelegten Eier.

Aufgabe 1

Kreuze die richtigen Aussagen an.

a) ☐ Bevor die Blätter vom Baum fallen werden sie rosa.
b) ☐ Die Blätter fallen im Frühling vom Baum.
c) ☐ Im Herbst verfärben sich die Blätter.
d) ☐ Das Blattgrün ist so kräftig, dass es andere Farben überdeckt.
e) ☐ Im Herbst zieht der Baum um.
f) ☐ Rot ist eine sogenannte Signalfarbe.

4. Warum verfärben sich die Blätter bunt?

Aufgabe 2

Finde zu den Antworten die richtige Frage.

a) Im Herbst fallen die Blätter vom Baum.
- ☐ Was passiert mit den Blättern im Frühling?
- ☐ Wann fallen die Blätter vom Baum?
- ☐ Was verlieren Tannenbäume im Herbst?

b) Blätter verfärben sich im Herbst rot, orange, gelb und braun.
- ☐ Was sind deine Lieblingsfarben?
- ☐ Was verfärbt sich im Frühling?
- ☐ In welche Farben verfärben sich die Blätter von Bäumen?

Aufgabe 3

Finde in der Wörterschlage die sieben versteckten Nomen (Hauptwörter) und schreibe sie in dein Heft.

HerbstjhbefzuvgBlattgrünjsfduFarbstoffkjaeb-

fRotmbwemGelbkjfvbOrangekljnkjChlorophyll

Aufgabe 4

Male bunte Blätter in den Farben, wie sie im Text genannt werden.

4. Warum verfärben sich die Blätter bunt?

Wenn du das Wort Herbst hörst, hast du sicher mehrmals schon an die schönen bunten Blätter gedacht. In den Farben Gelb, Orange, Rot und Braun leuchten die Blätter bevor sie abfallen und als Laub auf dem Boden liegen. Hast du dir dabei auch schon überlegt, warum sich die Blätter im Herbst überhaupt bunt färben?

Damit ein Blatt eine bestimmte Farbe hat, muss der Farbstoff dafür schon im Blatt vorhanden sein. Jedes Pflanzenblatt enthält im Frühjahr beziehungsweise Sommer mehrere Farbstoffe.

Die grüne Farbe in jedem Blatt nennt man Chlorophyll oder auch Blattgrün. Das Chlorophyll ist eine sehr dominante Farbe und so kräftig, dass es andere Farben überdeckt.

Aufgaben des Chlorophylls sind aber nicht nur die Grünfärbung von Blättern, sondern auch die Ernährung des Baumes oder der Pflanze. Bevor der Baum im Herbst ein Blatt abwirft, wandert das Chlorophyll in Stamm, Äste und Zweige eines Baumes und versorgt ihn so mit wichtigen Bestandteilen aus dem Blattgrün. Da die grüne Farbe aus den Blättern abgeht, kommt nun die Farbe zum Vorschein, die bereits im Blatt war – und das ist die Farbe Gelb.

Aber halt, die Blätter im Herbst sind doch nicht nur gelb, oder? Richtig! Der Farbton Rot entsteht ebenfalls durch Abziehen des Chlorophylls in Stamm und Ästen. Er entsteht neu. Zuvor war er nicht enthalten. Das ist sehr aufwändig in der kurzen Zeit des Verfärbens der Blätter. Für das Abwandern des Chlorophylls braucht der Baum nämlich Enzyme, dies sind Stoffe, die bestimmte biochemische Prozesse veranlassen.

Solche Enzyme sind aber sehr empfindlich und vertragen kein Licht. Der rote Farbstoff schützt also die Enzyme, während diese wichtige Bestandteile des Blattgrüns in Stamm oder Äste transportieren.

Außerdem ist Rot eine sogenannte Signalfarbe, die „Achtung" oder „Vorsicht" bedeutet. So soll die rote Farbe auch eine Botschaft für eierlegende Insekten sein. Ist ein Blatt nun rot, ist das Insekt gewarnt, denn es weiß, dass dieses Blatt bald abstirbt und mit ihm dann die im Herbst daraufgelegten Eier zu Boden segeln und keine Chance auf Leben haben.

Aufgabe 1

Kreuze die richtigen Aussagen an.

- a) ☐ Bevor die Blätter vom Baum fallen leuchten sie kurz auf.
- b) ☐ Das Blattgrün in jedem Blatt heißt Chlorophyll.
- c) ☐ Die Blätter fallen im Frühling vom Baum.
- d) ☐ Das Blattgrün ist so kräftig, dass es andere Farben überdeckt.
- e) ☐ Im Herbst zieht der Baum um.
- f) ☐ Rot signalisiert "Achtung" oder "Vorsicht".

4. Warum verfärben sich die Blätter bunt?

Aufgabe 2

Finde zu den Antworten die richtige Frage.

a) Die grüne Farbe in jedem Blatt nennt man Chlorophyll.
- ☐ Wie nennt man die grüne Farbe in jedem Blatt?
- ☐ Welche Farbe kommt in jedem Blatt vor und wie heißt sie?
- ☐ Wie nennt man die Enzyme in den Blättern?

b) Typische Herbstfarben sind Gelb, Orange und Rot, weil sich so die Blätter verfärben.
- ☐ Was sind deine Lieblingsfarben?
- ☐ Was sind typische Herbstfarben und warum ist das so?
- ☐ Welche Farben kommen im Frühling oft vor?

Aufgabe 3

Finde in der Wörterschlage die sieben versteckten Nomen (Hauptwörter) und schreibe sie auf die vorgegebenen Zeilen.

HerbstdkajgfLaubafkjlbbuntjsfbjhChlorophylltzoi-

pokFarbstoffemxydcbjEnzymeskfhgzurückziehen

Aufgabe 4

Was bedeuten folgende Wörter? Lies im Text nach.

a) Chlorophyll: _____

b) Enzyme: _____

c) Signalfarbe: _____

4. Warum verfärben sich die Blätter bunt? ★

Wenn du das Wort Herbst hörst, hast du sicher mehrmals schon an die schönen bunten Blätter gedacht. In den Farben Gelb, Orange, Rot und Braun leuchten die Blätter, bevor sie abfallen und als Laub auf dem Boden liegen. Hast du dir dabei auch schon überlegt, warum sich die Blätter im Herbst überhaupt bunt färben?

Damit ein Blatt eine bestimmte Farbe hat, muss der Farbstoff dafür schon im Blatt vorhanden sein. Jedes Pflanzenblatt enthält im Frühjahr beziehungsweise Sommer mehrere Farbstoffe.

Die grüne Farbe in jedem Blatt nennt man Chlorophyll oder auch Blattgrün. Das Chlorophyll ist eine sehr dominante Farbe und so kräftig, das es andere Farben überdeckt.

Aufgaben des Chlorophylls sind aber nicht nur die Grünfärbung von Blättern, sondern auch die Ernährung des Baumes oder der Pflanze. Bevor der Baum im Herbst ein Blatt abwirft, wandert das Chlorophyll in Stamm, Äste und Zweige eines Baumes und versorgt ihn so mit wichtigen Bestandteilen aus dem Blattgrün. Da nun die grüne Farbe aus den Blättern abgeht, kommt jetzt die Farbe zum Vorschein, die bereits im Blatt war und das ist Gelb.

Aber halt, die Blätter im Herbst sind doch nicht nur gelb, oder? Richtig! Der Farbton Rot entsteht ebenfalls durch Abziehen des Chlorophylls in Stamm und Äste. Er entsteht neu. Zuvor war er nicht enthalten. Das ist sehr aufwändig in der kurzen Zeit des Verfärbens der Blätter. Für das Abwandern des Chlorophylls braucht der Baum nämlich Enzyme, dies sind Stoffe, die bestimmte biochemische Prozesse veranlassen.

Solche Enzyme sind aber sehr empfindlich und vertragen kein Licht. Der rote Farbstoff schützt also die Enzyme, während diese wichtige Bestandteile des Blattgrüns in Stamm oder Äste transportieren.

Außerdem ist Rot eine sogenannte Signalfarbe, die „Achtung" oder „Vorsicht" bedeutet. So soll die rote Farbe auch eine Botschaft für eierlegende Insekten sein. Ist ein Blatt nun rot, ist das Insekt gewarnt, denn es weiß, dass dieses Blatt bald abstirbt. Mit ihm segeln dann die im Herbst daraufgelegten Eier zu Boden und haben keine Chance auf Leben.

Aufgabe 1

Kreuze die richtigen Aussagen an.

- a) ☐ Das Laub der Bäume verfärbt sich im Herbst Rot, Orange und Gelb.
- b) ☐ Enzyme verfärben die Blätter gelb.
- c) ☐ Der grüne Farbstoff in jedem Blatt wird Chlorophyll genannt.
- d) ☐ Das Blattgrün überdeckt andere Farben.
- e) ☐ Im Herbst sterben die grünen Blätter ab.
- f) ☐ Rot signalisiert einen warmen Nistplatz für Insekten.
- g) ☐ Der rote Farbstoff schützt die Enzyme.
- h) ☐ Das Chlorophyll zieht in die Wurzeln um.
- i) ☐ Eierlegende Insekten erhalten durch die rote Farbe eine Botschaft.

1. Warum verfärben sich die Blätter bunt? ★

Aufgabe 2

a) *Finde zu der Antwort die richtige Frage.*

- ☐ Wie bezeichnet man den grünen Farbstoff in Blättern?
- ☐ Kannst du einen Farbstoff in den Blättern näher bezeichnen?
- ☐ Wie nennt man die Enzyme in den Blättern?

<u>Antwort:</u> Die grüne Farbe in jedem Blatt nennt man Chlorophyll.

b) *Überlege dir nun eigene Fragen zu der gegebenen Antwort.*

- _____?
- _____?
- _____?

<u>Antwort:</u> Im Herbst erstrahlen die Laubwälder in den Farben Gelb, Orange und Rot, weil sich die Blätter verfärben.

Aufgabe 3

Finde in der Wörterschlange die versteckten Begriffe. Notiere sie in deinem Heft/in deinem Ordner. Erkläre zwei dieser Begriffe mit deinen eigenen Worten. Schreibe in dein Heft/in deinen Ordner.

LAUBIUVZRBUNTHVZCHLOROPHYLLIZUVFARB-

STOFFEIUGVENZYMEUJDQZLICHTEMPFINDLICHKEIT

Aufgabe 4

a) Welche Aufgaben hat das Chlorophyll?

_____

_____

b) Wohin wandert das Chlorophyll im Herbst?

_____

_____

5. Der Traumdrachen

Mein Opa ist der beste Opa der Welt. Und er hat mir versprochen, heute mit mir einen Drachen zu bauen.

Wir sind in Opas Werkstatt und bauen den schönsten Drachen der Welt. Zwei Holzstäbe, Seidenpapier, Klebestreifen, Kleber, Faden, Drachenschnur, Säge, Schere, Stift und Lineal liegen schon bereit. Opa legt die beiden Holzstäbe zur Drachenform zusammen, ich binde die Stäbe. Er sägt kleine Kerben in das Ende der Stäbe und umspannt mit einer Schnur das Drachengerüst. Wir legen den Drachen auf grünes Seidenpapier und schneiden es mit einem Rand um das Gerüst herum aus. Ich streiche Kleber auf den Rand, klappe ihn um und klebe ihn auf dem Papier fest.

Eine kurze Schnur befestigen wir am Drachen. Damit können wir ihn steigen lassen. An einem weiteren langen Faden befestigen wir bunte Papierschleifen und binden sie am Drachen fest. Der Drachen ist fertig.

Stiefel, Jacken und das große Stoppelfeld am Ende der Straße warten schon auf uns. Der Wind ist zwar ein wenig stürmisch, aber es regnet nicht. Ich kann es kaum erwarten, diesen coolen Drachen steigen zu lassen.

Opa gibt mir die Rolle mit der langen Drachenschnur und sagt: „Die Rolle musst du gut festhalten, der Wind ist ganz schön stark!" Er nimmt den Drachen und geht mit ihm ans Ende des Feldes. Dabei rollt sich die Schnur ab. Er hält jetzt den Drachen gegen den Wind und ruft: „Aufpassen! Ich lasse los!"

Und dabei geschieht es. Der Wind reißt mir die Rolle aus der Hand. Der Drachen wird immer kleiner, Rolle und Schnur fliegen durch die Luft. Opa legt seine Hand auf meine Schulter und sagt: „Kein Problem! Morgen bauen wir einen neuen Drachen. Okay?" Unter Tränen schaue ich zu dem kleinen Punkt am Himmel.

Als ich am Abend endlich eingeschlafen bin, träume ich von meinem coolen Drachen.

Doch – was ist das? Da fliegt ein grüner Drachen mit buntem Schwanz durch das Fenster und landet auf meinem Bett. Da lächle ich im Schlaf.

Aufgabe 1

Bringe den Ablauf der Geschichte in die richtige Reihenfolge.

☐ Der Drachen ist fertig.

☐ Wir bauen in Opas Werkstatt einen Drachen.

☐ Ich träume von meinem coolen Drachen.

☐ Der Wind reißt mir die Rolle aus der Hand.

5. Der Traumdrachen

Aufgabe 2

Welche Antwort ist korrekt? Kreuze sie an.

a) Wo bauen wir unseren Drachen?
- ☐ In Opas Haus
- ☐ In der Schule
- ☐ In Opas Werkstatt

b) Was brauchen wir, um den Drachen zu bauen?
- ☐ Metallstäbe und Zange
- ☐ Säge und Seidenpapier
- ☐ Hammer und Schraubenzieher

c) Wo lassen wir den Drachen steigen?
- ☐ Im Schwimmbad
- ☐ Im Wald
- ☐ Auf einem Feld

Aufgabe 3

Du hast die Geschichte aufmerksam gelesen und kannst deshalb bestimmt diese Wörter aus der Geschichte durch Striche trennen.

EINEKURZESCHNURBEFESTIGENWIRAMDRACHENDAMIT

KÖNNENWIRIHNSTEIGENLASSENANEINEMWEITERENFADEN

BEFESTIGENWIRBUNTEPAPAIERSCHLEIFENUNDBINDENSIE

AMDRACHENFESTDERDRACHENISTFERTIG

Aufgabe 4

Male ein Bild von dem Drachen, der nachts im Traum durch das Fenster fliegt und auf dem Bett landet.

5. Der Traumdrachen !

Mein Opa ist der beste Opa der Welt. Er hat mir versprochen, dass wir heute zusammen einen Drachen bauen. „Herbstzeit ist Drachenzeit!" hat er gesagt. Und jetzt ist es endlich soweit!

Wir sind in Opas Werkstatt hinten im Garten und bauen den schönsten Drachen der Welt. Mein Opa hat zwei Holzstäbe, Seidenpapier, Klebestreifen, Kleber, Faden, Drachenschnur, Säge, Schere, Stift und Lineal schon bereitgelegt. Opa legt die beiden Holzstäbe so zusammen, dass man eine Drachenform erkennen kann. Ich drücke sie fest aufeinander und Opa bindet die Stäbe zusammen. Damit die Schnur besser hält, sägt er kleine Kerben in das Ende der Stäbe. Dann umspannen wir das Drachengerüst mit einer Schnur. Wir legen den Drachen auf grünes Seidenpapier. Wir schneiden es so aus, dass ein breiter Rand um das Gerüst herum bleibt. Ich streiche Kleber auf den Rand, klappe ihn um und klebe ihn auf dem Papier fest. Am Drachenkreuz befestigen wir eine Schnur, damit wir den Drachen fliegen lassen können. An einem langen Faden befestigen wir bunte Papierschleifen. Und fertig ist der Drachen!

Stiefel, Jacken und das große Stoppelfeld am Ende der Straße warten schon auf uns. Der Wind ist zwar ein wenig stürmisch, aber es regnet nicht. Ich kann es kaum erwarten, diesen coolen Drachen steigen zu lassen.

Opa drückt mir die Rolle mit der langen Drachenschnur in die Hand und sagt: „Die Rolle musst du gut festhalten, der Wind ist ganz schön stark!" Er nimmt den Drachen und geht damit ans Ende des Feldes. Dabei rollt sich die Schnur ab. Er hält jetzt den Drachen gegen den Wind und ruft: „Aufpassen! Festhalten! Ich lasse los!" Er lässt los und .... plötzlich geschieht es. Eine Windböe reißt mir die Rolle aus der Hand. Der Drachen fliegt weg und ich schaue zu, wie er immer kleiner wird. Mein schöner Drachen ist weg! Opa legt seine Hand auf meine Schulter und sagt: „Kein Problem! Morgen bauen wir einen neuen Drachen. Okay?" Ich nicke unter Tränen, wir schauen zu dem kleinen Punkt am Himmel.

Als ich am Abend endlich eingeschlafen bin, träume ich von meinem coolen Drachen und seinen bunten Farben und – was ist das? Ich lächele im Schlaf: Da fliegt ein grüner Drachen mit buntem Schwanz durch das Fenster und landet auf meinem Bett.

Aufgabe 1

Bringe den Ablauf der Geschichte in die richtige Reihenfolge.

- [ ] Ich träume von meinem schönen Drachen.
- [ ] Seite an Seite gehen wir mit dem Drachen raus aufs Feld.
- [ ] Opa versprach mir, zusammen mit mir einen Drachen zu bauen.
- [ ] In Opas Werkstatt basteln wir gemeinsam einen grünen Drachen mit einem bunten Schwanz.
- [ ] Der Drachen wird von einer Windböe erfasst.

5. Der Traumdrachen

Aufgabe 2

Welche Antwort ist korrekt? Kreuze sie an.

a) Welche Jahreszeit ist Drachenzeit?
- ☐ Frühling
- ☐ Herbst
- ☐ Sommer
- ☐ Winter

b) Welche Farben hat das Seidenpapier des Drachens?
- ☐ Gelb
- ☐ Grün
- ☐ Orange

c) Warum fliegt der Drachen weg?
- ☐ Opa lässt den Drachen los.
- ☐ Eine Windboe reißt mir die Rolle mit der Schnur aus der Hand.
- ☐ Der Faden der Schnur reißt.

Aufgabe 3

Ergänze den Lückentext mit den passenden Begriffen.

Schon vor längerer Zeit hat mir mein Opa versprochen, einen _____ zu bauen. Ich habe dafür _____ Seidenpapier ausgesucht. Nachdem der Drachen fertig ist, können wir ihn endlich ausprobieren. Dafür ziehen wir unsere _____ und unsere _____ an. Das Wetter ist gut, denn es _____ nicht. Es dauert nicht lange, da reißt mir der Wind die _____ mit der Schnur aus der Hand. Der Drachen fliegt _____ ! Traurig schaue ich dabei zu, wie er immer _____ wird. Nachts in meinem _____ fliegt plötzlich ein grüner Drachen mit einem _____ Schwanz in mein Zimmer.

Aufgabe 4

Finde eine passende Überschrift für den letzten Abschnitt des Textes.

_____

Seite 31

5. Der Traumdrachen

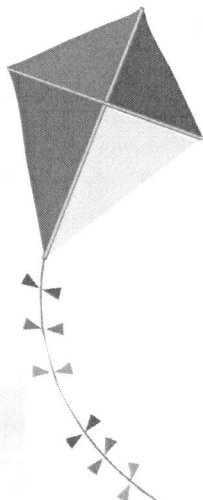

Mein Opa ist der beste Opa der Welt. Und er hält, was er mir verspricht. „Herbstzeit ist Drachenzeit!" hat er gesagt. „Und dann bauen wir einen Drachen und lassen ihn steigen."

Heute ist es so weit. Wir sind in Opas Werkstatt hinten im Garten und bauen den schönsten Drachen der Welt mit meinen Lieblingsfarben. Mein Opa hat zwei Holzstäbe, Seidenpapier, Klebestreifen, Kleber, Faden, Drachenschnur, Metallringe, Säge, Schere, Stift und Lineal schon bereitgelegt. Opa legt die beiden Holzstäbe zur typischen Drachenform zusammen. Ich drücke sie fest aufeinander, während Opa die Stäbe zusammenbindet. Er sägt vorsichtig kleine Kerben an das Ende der Stäbe. Dann hält die Schnur besser, mit der wir das Drachengerüst fest umspannen. Wir legen den Drachen auf grünes Seidenpapier und schneiden es mit einem 5 cm breiten Rand um das Gerüst herum aus. Ich streiche Kleber auf den Rand, klappe ihn um und klebe ihn auf dem Papier fest. Opa markiert zwei Löcher auf dem Papier, verstärkt sie mit Klebeband und durchlöchert den Drachen an dieser Stelle. Ich fädele einen langen Faden durch die Löcher. Opa legt den Faden über die Ecke, markiert den Eckpunkt und bindet dann die Fadenenden am Drachengerüst auf der Rückseite fest. An der markierten Stelle zieht er die Ringe durch. Ich teste das Gleichgewicht des Drachens, indem ich ihn an den Ringen hochhalte. Perfektes Gleichgewicht! An einem langen Faden befestigen wir bunte Papierschleifen und binden ihn unten am Drachenkreuz fest. Opa knotet die lange Drachenschnur an den Ring – fertig.

Stiefel, Jacken und das große Stoppelfeld am Ende der Straße warten schon auf uns. Der Wind ist zwar ein wenig stürmisch, aber es regnet nicht. Ich kann es kaum erwarten, diesen coolen Drachen steigen zu lassen.

Opa drückt mir die Rolle mit der langen Drachenschnur in die Hand und sagt: „Die Rolle musst du gut festhalten, der Wind ist ganz schön stark!" Er nimmt den Drachen und geht ihm ans Ende des Feldes. Dabei rollt sich die Schnur ab. Er hält jetzt den Drachen gegen den Wind und ruft: „Aufpassen! Festhalten! Ich lasse los!" Er lässt los, ich halte die Rolle, der Drachen steigt! Schaut her, mein Drachen – toll! Ich strahle und …. plötzlich geschieht es. Eine Windböe reißt mir die Rolle aus der Hand, der Drachen wird immer kleiner, Rolle und Schnur fliegen durch die Luft. Nein, mein schöner Drachen ist weg. Aus, vorbei! Opa legt seine Hand auf meine Schulter und sagt: „Kein Problem! Morgen bauen wir einen neuen Drachen. Okay?" Tränen schießen mir in die Augen und wir schauen zu dem kleinen Punkt am Himmel.

Als ich abends in meinem Bett liege und endlich eingeschlafen bin, träume ich von meinem coolen Drachen, den Farben, dem bunten Drachenschwanz und – was ist das? Ich lächele im Schlaf: Da fliegt ein grüner Drachen mit buntem Schwanz durch das Fenster und landet auf meinem Bett.

Aufgabe 1

Welche Antwort ist korrekt? Kreuze sie an.

a) Was hat Opa vrsprochen?

☐ Er versprach, in den Herbstferien einen Drachen zu bauen.

☐ Er versprach, einen Drachen zu bauen und ihn steigen zu lassen.

☐ Er versprach, einen Drachen zu kaufen und ihn steigen zu lassen.

b) Wie kann man das Gleichgewicht des Drachens testen?

☐ Das Gleichgewicht wird mit einem Lineal getestet.

☐ Mit der Drachenwaage kann man das Gleichgewicht testen.

☐ Man testet das Gleichgewicht, indem man ihn an den Ringen hochhält.

5. Der Traumdrachen

Aufgabe 2

Wie baust du einen Drachen? Bringe die Sätze in die richtige Reihenfolge. Schreibe in dein Heft/in deinen Ordner.

a) Dann lege ich Stäbe zu einer Drachenform zusammen und binde sie fest aneinander.

b) Dann lege ich das Drachengerüst auf Seidenpapier und schneide es aus.

c) Ich brauche zwei Holzstäbe, Seidenpapier, Klebestreifen, Kleber, Faden, Drachenschnur, Metallringe, Säge, Schere, Stift und Lineal.

d) Zum Schluss bekommt der Drachen einen Schwanz, indem ich an einem langen Faden bunte Papierschleifen befestige.

e) Nachdem ich in der Mitte und am unteren Ende zwei Löcher in das Papier gestochen habe, fädele ich einen langen Faden hindurch.

f) Als nächstes wird der Rand umgeklappt und auf dem Papier festgeklebt.

g) Die Fadenenden werden dann auf der Rückseite des Drachens so festgebunden, dass der Drachen im Gleichgewicht hängt.

h) Weiter umspanne ich das Drachengerüst mit einer Schnur.

Aufgabe 3

Beantworte die Fragen in vollständigen Sätzen in deinem Heft/Ordner.

a) Was hat Opa versprochen?

b) Wie testet man das Gleichgewicht des Drachens?

c) Warum muss man die Rolle mit der Drachenschnur gut festhalten?

Aufgabe 4

Wie könnte die Geschichte weitergehen? Schreibe ein neues Ende.

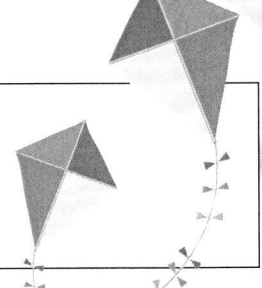

6. Halloween

Der Begriff "Halloween" und die dazugehörigen Bräuche kommen ursprünglich aus Irland. Gemeint ist damit die Nacht vom 31. Oktober auf den 1. November. Am nächsten Tag ist das christliche Fest Allerheiligen, an dem an alle Heiligen gedacht wird. Irische Einwanderer brachten den Brauch in die USA und Kanada. Seit den 90er Jahren verbreiteten sich typische Halloweenbräuche auch in Europa.

Das Aushöhlen von Kürbissen ist so ein typischer Brauch. Der irische Bösewicht Jack Oldfield hielt nach einer List den Teufel gefangen. Nachdem Jack gestorben war, kam er wegen seiner bösen Taten nicht in den Himmel. Doch auch der Teufel wollte ihn nicht haben. Er schenkte ihm lediglich eine Rübe und glühende Kohlen als Beleuchtung gegen die Dunkelheit. Da in den USA viel mehr Kürbisse als Rüben wuchsen, nahm man Kürbisse und höhlte sie aus. Mit Fratzen versehen sollten sie böse Geister abschrecken und vertreiben.

Ein anderer, typischer Brauch ist das Verkleiden. An diesem Tag und Nacht sind sehr gruselige Verkleidungen und Kostüme zu sehen. Feen, Fledermäuse, Geister, Hexen, Kürbisse, Skelette, Zombies, Vampire und Monster zeigen sich an Halloween. In den USA bereiten die Bewohner große Feste vor, sogar ganze Schulen werden geschmückt. Die Kinder klingeln verkleidet an den Haustüren und verlangen "Trick or Treat". Das bedeutet so viel wie "Süßes oder Saures". Die Bewohner müssen den Kindern Süßigkeiten geben. Tun sie es nicht, erwartet sie eine "böse Überraschung".

Bei uns in Europa ist Halloween mehr ein privates Fest. Auch das Klingeln an Haustüren findet nicht überall statt. Typische Farben an Halloween sind: schwarz, orange, weiß, grau und rot.

Aufgabe 1

Korrigiere die nachfolgenden Aussagen und schreibe sie richtig in dein Heft/ in deinen Ordner.

a) Halloween kommt ursprünglich aus Afrika. Sklaven brachten den Brauch nach Deutschland und in die Schweiz.

b) Ein bekannter Brauch an Halloween ist das Knacken von Nüssen.

c) Typisch für Halloween ist auch das Verstecken. Man kann an diesem Tag (bzw. Nacht) Indianer, Pferde, Melonen und Nikoläuse finden.

6. Halloween

Aufgabe 2

Ergänze den Lückentext mit den folgenden Begriffen.

> blass - Mund - dunkle - Handschuhe
> - Vampire - Blut - roter - schwarzen

Das Vampirkostüm ist ein typisches Kostüm für Halloween. Vampire tragen einen _____ Umhang und schwarze _____. Vampire haben große Eckzähne, um in den Hals von Opfern zu beißen und _____ zu saugen. Aus dem _____ tropft noch Blut. Das wird an Halloween mit _____ Schminke nachgemacht. Weil Vampire nur in der Nacht leben, sind sie im Gesicht ganz _____. Vampire schlafen nur wenig. Um die Augen haben sie daher oft _____ Ringe. _____ sehen sehr ungesund aus.

Aufgabe 3

Male dein Halloween-Kostüm in den Kasten. Beschreibe es mit deinen eigenen Worten.

_____
_____
_____
_____
_____
_____
_____
_____
_____

6. Halloween

Halloween kommt von der englischen Bezeichnung für Allerheiligen: „All Hallow´s Eve". Im Laufe der Zeit wurde daraus Halloween. Gemeint ist damit der Tag bzw. die Nacht vor Allerheiligen. In der Nacht vom 31. Oktober auf den 1. November wird Halloween gefeiert. Allerheiligen ist ein christliches Fest, an dem an alle Heiligen gedacht wird.

Halloween kommt ursprünglich aus Irland. Irische Einwanderer brachten den Brauch in die USA und nach Kanada. Seit den 90ger Jahren verbreiteten sich die typischen Halloweenbräuche auch in Europa.

Ein bekannter Brauch an Halloween ist das Aushöhlen von Kürbissen. Er stammt ursprünglich auch aus Irland. Der Sage nach lebte dort der Bösewicht Jack Oldfield. Dieser fing durch eine List den Teufel und wollte ihn nur freilassen, wenn er ihn anschließend in Ruhe ließ. Nachdem Jack gestorben war, kam er wegen seiner Schandtaten nicht in den Himmel. Doch auch der Teufel wollte ihn nicht haben. Immerhin hatte Jack ihn betrogen. Damit Jack nicht im Dunkeln herumwandern musste, schenkte ihm der Teufel eine Rübe und glühende Kohlen als Beleuchtung. Der heute so bekannte ausgehöhlte Kürbis war ursprünglich eine ausgehöhlte Rübe. Doch in den USA wuchsen viel mehr Kürbisse als Rüben. So nahm man Kürbisse und höhlte sie aus. Die sogenannte „Jack O´Lantern" (Jack mit der Laterne) war erfunden. Mit Fratzen versehen soll sie böse Geister abschrecken und vertreiben.

Typisch für Halloween ist auch das Verkleiden. Man kann an diesem Tag (bzw. Nacht) Feen, Fledermäuse, Geister, Hexen, Kürbisse, Skelette, Zombies, Vampire und Monster sehen. Je gruseliger, umso besser.

In den USA wird Halloween in der Öffentlichkeit vorbereitet und gefeiert. Ganze Schulen werden geschmückt. Kinder laufen verkleidet umher, klingeln an den Haustüren und rufen „Trick or Treat". Das bedeutet „Süßes oder Saures". Dabei werden die Bewohner von den Kindern aufgefordert, Süßigkeiten zu geben, sonst erwartet sie eine „böse Überraschung".

Bei uns wird Halloween eher im privaten Bereich gefeiert. Auch das Klingeln an Haustüren ist noch nicht überall verbreitet. Typische Farben an Halloween sind: schwarz, orange, weiß, grau und rot.

Aufgabe 1

Korrigiere die nachfolgenden Aussagen und schreibe sie richtig in dein Heft/ in deinen Ordner.

a) Die englische Bezeichnung für Allerheiligen ist All Hallow's Eve. Damit wird der Morgen vor dem ersten Dezember gemeint. Ursprünglich stammt das Fest aus Wales. Einwanderer brachten den Brauch nach Europa.

b) Die sogenannte Jack O'Lantern besteht aus einer ausgehöhlten Melone, in die Süßigkeiten für Kinder gefüllt werden.

c) Für die Kostüme an Halloween gilt: Je bunter, desto besser. Typische Gestalten an Halloween sind: Prinzessinnen, Indianer, Tiere und Früchte.

6. Halloween

Aufgabe 2

Ergänze den Lückentext mit den folgenden Begriffen.

auffällig - Besen - Blut - Gliedmaßen - gruselig - Hakennase - Halloween - Hals - schrecklichsten - schwarzen - unförmige - weiten

Vampire, Hexen und Monster sind typische Kostüme für _____.

Vampire tragen einen _____ und _____ Umhang. Sie beißen ihre Opfer gerne in den _____, um _____ zu saugen. Hexen sehen besonders _____ aus. Mit _____, krummem Rücken und _____ erschrecken sie die Menschen. Monster sieht man in den _____ Verkleidungen von Tür zu Tür gehen. _____ Körper mit fehlenden _____ sind keine Ausnahme. Hauptsache, grässlich und _____.

Aufgabe 3

Auf einer Halloween-Party hast du einen besonders gruseligen Zombie gesehen. Schreibe deiner Oma einen Brief und beschreibe ihn darin.

6. Halloween

Der Begriff „Halloween" entwickelte sich aus der englischen Bezeichnung für Allerheiligen: „All Hallow´s Eve". Gemeint ist damit der Tag bzw. die Nacht vor Allerheiligen. Allerheiligen ist ein katholischer Feiertag, an dem an alle Heiligen erinnert und ihrer gedacht wird. In der Nacht vom 31. Oktober auf den 1. November wird Halloween gefeiert.

Ursprünglich wurde Halloween nur in den katholischen Gegenden der britischen Inseln gefeiert. Das war im Wesentlichen Irland. Die anderen Gebiete gehörten zur anglikanischen Kirche, die am gleichen Tag den Reformationstag begingen. Im 19. Jahrhundert wanderten viele Iren in die USA aus. Sie nahmen ihre Bräuche mit und pflegten sie auch in der neuen Heimat. So gelangte Halloween in die USA und später auch nach Kanada. In den letzten Jahren verbreiten sich die typischen Halloweenbräuche auch immer mehr in Europa.

Ein typischer Brauch für Halloween ist das Aushöhlen von Kürbissen und das Hineinschnitzen von Fratzen. In den Abendstunden kann man diese Kürbisse, die von innen mit Kerzen beleuchtet werden an vielen Hauseingängen sehen. Ihren Ursprung haben diese „Laternen" in einer irischen Sage: Einst lebte in Irland ein Schurke mit Namen Jack Oldfield. Durch eine List fing er den Teufel ein und ließ ihn erst frei, als dieser versprach, ihn zukünftig in Ruhe zu lassen. Nach Jacks Tod kam er wegen seiner zahllosen Schandtaten nicht in den Himmel. Doch auch der Teufel wollte ihn nicht haben. Jack hatte ihn schließlich betrogen. Dennoch war der Teufel gnädig: Damit Jack nicht im Dunkeln herumwandern musste, schenkte er ihm eine Rübe und glühende Kohlen zur Beleuchtung. Der bekannte ausgehöhlte Kürbis zu Halloween war also ursprünglich eine ausgehöhlte Rübe. Doch in den USA wuchsen viel mehr Kürbisse als Rüben. Daher nahm man dort Kürbisse und höhlte sie aus. Die sogenannte „Jack O´Lantern" war erfunden. Mit Fratzen versehen soll sie böse Geister abschrecken und vertreiben.

Typisch für Halloween ist auch das Verkleiden. Man kann an diesem Tag (bzw. der Nacht) Feen, Fledermäuse, Geister, Hexen, Kürbisse, Skelette, Zombies und Vampire sehen. Je gruseliger sie aussehen, umso besser ist es. Typische Farben an Halloween sind: schwarz, orange, weiß, grau und rot.

In den USA wird Halloween in der Öffentlichkeit vorbereitet und gefeiert. Ganze Schulen werden geschmückt. Kinder laufen verkleidet umher, klingeln an den Haustüren und rufen „Trick or Treat". Das bedeutet „Süßes oder Saures". Dabei werden die Bewohner von den Kindern aufgefordert, Süßigkeiten zu geben, sonst erwartet sie eine „böse Überraschung". In Europa wird Halloween eher im privaten Bereich gefeiert. In den letzten Jahren kann man beobachten, dass das Interesse an Halloween deutlich wächst.

Aufgabe 1

Korrigiere die nachfolgenden Aussagen und schreibe in dein Heft/in deinen Ordner.

a) Halloween wird am Tag bzw. der Nacht vor Allerheiligen gefeiert. Allerheiligen ist ein evangelischer Feiertag. Ursprünglich stammt Halloween aus Hannover. Im 19. Jahrhundert wanderten viele aus Hannover aus und brachten so den Brauch nach Afrika. Durch die zahlreichen afrikanischen Flüchtlinge verbreitet sich dieses Fest auch immer mehr in Europa.

b) Ein bekannter Brauch an Halloween ist das Schnitzen von Masken und Fratzen.

c) Typisch für Halloween ist das Verkleiden. Besonders beliebt sind Engel, Prinzessinnen und Indianer.

6. Halloween

Aufgabe 2

Ergänze den Lückentext mit den folgenden Begriffen.

> Eckzähne - blass - Hals - Mundwinkel - dunkle - Handschuhe - Halloween - Blut - Blut - Hüte - roter - schwarzen - ungesund - Kostüm - Opfern

Das Vampirkostüm ist ein typisches _____ für _____. Vampire haben einen _____ Umhang. Zumeist tragen sie schwarze _____. Vampire beißen ihren _____ gerne in den _____, um _____ zu saugen. Dazu haben Vampire große, scharfe _____ . Von ihrer letzten Mahlzeit tropft meist noch Blut aus dem _____. Für das Halloweenkostüm wird das _____ mit _____ Schminke nachgeahmt. Vampire sind im Allgemeinen nur in der Nacht aktiv. Ihre Haut ist dadurch ganz _____. Auf dem Kopf tragen Vampire oft schwarze _____. Sie ähneln denen von Zauberern. Weil Vampire wenig schlafen, haben sie um die Augen oft _____ Ringe. Sie sehen oft sehr _____ aus.

Aufgabe 3

Als Vampire, Skelette und Zombies verkleidete Personen sehen besonders auffällig aus. Beschreibe das Kostüm eines dieser verkleideten Menschen, für das du dich entscheiden würdest. *Deine Oma will dir das Kostüm schneidern. Fertige für sie zusätzlich eine Skizze an.*

7. Durch Nacht und Nebel

Am 11. November ist Martinstag. An diesem Tag hat Kais Oma Geburtstag. Wie in jedem Jahr trifft sich die Familie und isst zusammen eine Martinsgans. Danach ist Familie Walter sehr satt und will nach Hause fahren.

„Fahrt langsam", sagt Oma, „bei dem Nebel sieht man wenig." Das stimmt. An einigen Stellen ist es sehr nebelig. „Ich kann keine zwei Meter sehen", schimpft Herr Walter und fährt noch langsamer.

Kai fragt seine Eltern: „Wie entsteht Nebel?" Mutter fängt an zu erklären. Vater unterbricht sie. Aber er kommt nicht weit. Auf der Straße liegt etwas. Durch den Nebel hat Herr Walter das erst spät gesehen. Er bremst so stark er kann.

Kai wird nach vorne geschleudert. Der Gurt hält ihn fest. Seine Mutter schreit auf. Im letzten Moment kann Herr Walter ausweichen. Endlich bleibt der Wagen stehen. Mama meint: „Zum Glück ist uns nichts passiert". Kais Herz klopft laut. Der Vater steigt aus und schaut nach. „Kommt schnell", ruft er „das müsst ihr sehen!", Mama und Kai steigen aus. Auf der Straße liegt ein Wildschwein. Es ist tot. „Das hat jemand umgefahren", flüstert Frau Walter. „Schaut mal da", schreit Kai, „dort liegt noch ein Wildschwein." Das Tier bewegt sich noch. Kai hat Angst. Herr Walter ruft die Polizei und den Jäger an. Beide kommen schnell. Dem verletzten Wildschwein kann nicht mehr geholfen werden. Kai ist sehr traurig. Der Polizist schreibt alles auf, was Familie Walter ihm erzählt. Danach darf die Familie weiterfahren. Zum Glück ist nicht mehr passiert. „Diesen 11. November werde ich nie vergessen", flüstert Kai.

Aufgabe 1

Welche Personen werden in der Geschichte erwähnt?
Kreise die richtigen ein.

ein Polizist   Kai   Kais Mutter   Kais Oma

Kais Schwester   Kais Vater   Kais Bruder

Kais Onkel   Kais Opa   ein Jäger   Kais Tante

Aufgabe 2

a) Erkennst du die Waldtiere? Schreibe sie korrekt auf die Linien.

usMa → _____   hsaDc → _____

hRe → _____   hsciHr → _____

aHse → _____

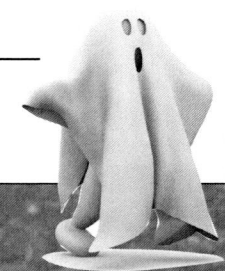

7. Durch Nacht und Nebel

Aufgabe 3

- Wahr oder falsch? Kreuze an.

		Richtig	Falsch
a)	Am 11. November hat Kais Oma Geburtstag.		
b)	Die Familie isst zusammen Schweinebraten.		
c)	Als Familie Walter nachhause fährt, ist es sehr stürmisch.		
d)	Herr Walter bremst plötzlich scharf ab. Er hat gesehen, dass etwas auf der Straße liegt.		
e)	Auf der Straße liegen drei tote Wildschweine.		

Aufgabe 4

Wer spricht? Ordne zu und verbinde.

a) „Fahrt langsam, bei dem Nebel sieht man wenig." ○

b) „Ich kann keine zwei Meter sehen." ○

c) „Wie entsteht Nebel?" ○

d) „Zum Glück ist uns nichts passiert." ○

e) „Kommt schnell, das müsst ihr sehen!" ○

f) „Das hat jemand umgefahren." ○

g) „Schaut mal da, dort liegt noch ein Wildschwein." ○

h) „Diesen 11. November werde ich nie vergessen." ○

○ Oma

○ Kai

○ Vater

○ Mutter

Aufgabe 5

Ergänze den Lückentext mit den folgenden Begriffen.

kühlt - Nebel - Wasser - unten - Wassertröpfchen

Die Luft enthält viel _____. Im Herbst _____ die warme

und feuchte Luft ab. Die abgekühlte Luft sinkt nach _____ auf den

Boden. Hier bilden sich nun kleine _____ wie in einer Wolke.

Diese sogenannte Wolke ist dann der uns bekannte _____.

7. Durch Nacht und Nebel !

Kais Oma hat am 11. November Geburtstag. Dieser Tag ist Martinstag. Wie in jedem Jahr trifft sich die Familie und isst zusammen Omas leckere Martinsgans. Gut gesättigt macht sich Familie Walter am Abend auf den Heimweg.

„Fahrt nicht so schnell", sagt die Oma, „bei dem Nebel sieht man kaum was". Kai denkt: „Ach Oma, du machst dir zu viele Sorgen" Doch dann merkt er, dass zwischen den kleinen Waldstücken der Nebel heute besonders dicht ist.

„Man kann ja kaum zwei Meter sehen, so neblig ist das hier", schimpft Herr Walter und fährt noch langsamer. Er schaut konzentriert auf die Fahrbahn. Kai möchte seine Eltern ein bisschen ablenken und fragt: „Wie entsteht eigentlich Nebel?" Seine Mutter erklärt es ihm: „In der Nähe des Erdbodens sind die Wassertröpfchen ganz fein in der Luft verteilt." Vater unterbricht sie: „Die Tröpfchen entstehen…." . Weiter kommt er nicht. Durch den Nebel und das Gespräch bemerkt er erst sehr spät, dass etwas auf der Fahrbahn liegt. Herr Walter macht eine Vollbremsung.

Kai wird nach vorne geschleudert. Der Gurt hält ihn zurück. Kais Mutter schreit auf. Herr Walter reißt das Lenkrad nach links und kann in letzter Sekunde ausweichen. Der Wagen schlingert, kommt dann aber endlich zum Stehen. „Alles klar bei euch?", fragt Herr Walter. Kais Herz schlägt bis zum Hals. „Gott sei Dank ist uns nichts passiert", schießt es der Mutter durch den Kopf. Vorsichtig steigt der Vater aus. Kurze Zeit später kommt er zurück. „Das müsst ihr euch ansehen", ruft er aufgeregt. Kai und seine Mutter steigen aus und staunen: ein Wildschwein liegt auf der Fahrbahn. Es ist tot. „Das muss jemand umgefahren haben und dann verschwunden sein.", flüstert Frau Walter, „das ist Fahrerflucht." „Schaut mal da", schreit Kai und zeigt zwei Meter weiter. Auf der anderen Fahrbahn liegt ein weiteres Wildschwein. Es ist schwer verletzt, aber es bewegt sich noch. Herr Walter ruft sofort die Polizei und den Jäger des Bezirks an. In wenigen Minuten treffen beide ein. Dem zweiten Wildschwein kann nicht mehr geholfen werden. Kai ist sehr traurig. Nachdem die Polizei die Aussagen von Familie Walter notiert hat, macht sich die Familie auf den weiteren Heimweg. Alle sind noch immer geschockt, aber zugleich auch erleichtert, dass nicht mehr passiert ist. „Diesen 11. November werde ich sicher nie vergessen", denkt Kai aufgekratzt.

Aufgabe 1

Schreibe alle Personen auf, die in der Geschichte erwähnt werden.

_____

_____

Aufgabe 2

a) Erkennst du die Waldtiere? Schreibe sie korrekt auf die Linien. Finde noch drei weitere Waldtiere und schreibe sie auf.

usMa → _____   hsaDc → _____

hRe → _____   hsciHr → _____

aHse → _____   peShct → _____

seeiAm → _____

7. Durch Nacht und Nebel !

Aufgabe 3

• Wahr oder falsch? Kreuze an.

		Richtig	Falsch
a)	Am 11. November hat Kais Oma Geburtstag.		
b)	Die Familie Wald isst zusammen bei der Oma Martinsgans.		
c)	Als Familie Walter nach Hause fährt, ist es sehr stürmisch.		
d)	Kais Vater bremst plötzlich scharf ab. Er hat gesehen, dass etwas auf der Straße liegt.		
e)	Auf der Straße liegt ein totes und zwei verletzte Wildschweine.		
f)	Herr Walter ruft die Polizei und den Jäger an.		
g)	In wenigen MInuten treffen Polizei und Jäger ein.		

Aufgabe 4

Schreibe folgende Sätze zu Ende.

a) Familie Walter besucht Kais Oma am 11. November, weil _____.

b) Die Oma warnt Familie Walter vor der Heimfahrt, denn _____.

c) Herr Walter macht eine Vollbremsung, weil _____.

d) Als die Walters zwei Wildschweine entdeckten, _____.

Aufgabe 5

Ergänze den Lückentext mit den folgenden Begriffen.

kühlt - Nebel - Wasserdampf - Wasser - unten - Wassertröpfchen - Sonne

Die Luft enthält viel _____. Die _____ lässt das Wasser am Boden verdunsten. Es entsteht _____, der in die Luft steigt. Im Herbst _____ die warme und feuchte Luft ab. Die abgekühlte Luft sinkt nach _____ auf den Boden. Hier bilden sich nun kleine _____ wie in einer Wolke. Diese sogenannte Wolke ist dann der uns bekannte _____.

7. Durch Nacht und Nebel

Kais Oma hat am 11. November, dem Martinstag, Geburtstag. Traditionell trifft sich an diesem Tag die ganze Familie und wie in jedem Jahr gibt es Omas köstliche Martinsgans zum Essen. Bestens gesättigt und gut gelaunt machen sich die Walters am Abend auf den Nachhauseweg.

„Fahrt aber nicht so schnell", bittet die Oma beim Abschied, „bei dem Nebel sieht man kaum etwas." Ihre Stimme klingt besorgt. Kai winkt innerlich ab: „Oma macht sich mal wieder unnötig Sorgen". Aber schnell muss er feststellen, dass es heute auf den Abschnitten zwischen den kleinen Waldstücken besonders neblig ist.

„Man sieht ja kaum die Hand vor den Augen. Das sind keine zwei Meter, so neblig ist das hier", schimpft Herr Walter und drosselt die Geschwindigkeit weiter. Konzentriert starrt er in den Nebel und versucht, der Fahrbahn zu folgen. Kai möchte seine Eltern ein bisschen ablenken. Scheinbar nebenbei fragt er, wie eigentlich Nebel entsteht. Seine Mutter fängt an zu erklären: „In der Nähe des Erdbodens sind die Wassertröpfchen ganz fein in der Luft verteilt." Da unterbricht sie der Vater. „Die Tröpfchen entstehen… ." Weiter kommt er nicht. Durch den dichten Nebel und vom Gespräch abgelenkt sieht er es sehr spät. Auf der Fahrbahn liegt etwas. Es scheint recht groß und liegt genau in der Fahrspur.

Herr Walter macht eine Vollbremsung. Kai wird nach vorne geschleudert. Der Gurt drückt ihn in den Brustkorb, aber er hält. Seine Mutter schreit auf. Herr Walter reißt das Lenkrad nach links und kann in letzter Sekunde ausweichen. Der Wagen schlingert gefährlich, kommt dann endlich zum Stehen. Zunächst ist es absolut still. Herr Walter fragt: „Alles klar bei euch?" Kais Herz schlägt bis zum Hals. Sicher kann das jeder hören. „Gott sei Dank ist uns nichts passiert", meint die Mutter. Vorsichtig steigt der Vater aus und schaut nach, was dort auf der Straße liegt. Kurze Zeit später kommt er wieder zum Auto. „Das gibt es nicht, das müsst ihr euch ansehen", keucht er aufgeregt. Die Mutter und Kai steigen aus. Sie trauen ihren Augen nicht: Ein Wildschwein liegt auf der Fahrbahn. Es ist tot. „Das muss jemand angefahren haben und dann davongefahren sein", flüstert Frau Walter. „Das ist Fahrerflucht!" „Schaut mal da", ruft Kai aufgeregt und zeigt auf eine Stelle zwei Meter weiter. Auf der Gegenfahrbahn liegt ein weiteres Wildschwein. Es ist schwer verletzt. Doch es bewegt sich noch. Kai ist vor Entsetzen wie gelähmt. Herr Walter ruft sofort die Polizei und den Jäger des Bezirks an. Schon kurze Zeit später treffen beide am Unfallort ein. Dem zweiten Wildschwein kann nicht mehr geholfen werden. Kai ist todtraurig. Nachdem die Walters ihre Aussagen gemacht haben, können sie den Nachhauseweg fortsetzen. Schweigend fahren sie weiter. Sie sind von dem Erlebten noch geschockt. Nach einer Weile macht sich aber auch Erleichterung breit. Zum Glück ist nicht mehr passiert. „Diesen 11. November werde ich sicher nie vergessen", flüstert Kai aufgekratzt.

Aufgabe 1

Bilde aus den folgenden Silben Waldtiere.
Schreibe sie in die Liste. Achte auf die richtige Schreibweise.

a - bor - bunt - chen -

ckuck - der - fer - eich

- eu - hörn - kä - ken

- ku - le - mar - mei -

schwein - se - specht

- wald - wild -

a) Waldameise
b) _____
c) _____
d) _____
e) _____
f) _____
g) _____
h) _____

7. Durch Nacht und Nebel ★

Aufgabe 2

Welche Personen kommen in der Geschichte vor? Schreibe sie in dein Heft/in deinen Ordner.

Aufgabe 3

• Wahr oder falsch? Kreuze an.
Schreibe eigene Aussagen und lasse deinen Partner ankreuzen, ob die Aussage richtig oder falsch ist.

		Richtig	Falsch
a)	Am 11.November hat Kais Oma Geburtstag.		
b)	Die Familie Wald isst zusammen bei der Oma Martinsgans.		
c)	Als Familie Walter nachhause fährt, ist es sehr stürmisch.		
d)	Kais Vater bremst plötzlich scharf ab. Er hat gesehen, dass etwas auf der Straße liegt.		
e)	Auf der Straße liegt ein totes und zwei verletzte Wildschweine.		
f)	Die Familie ruft die Polizei und den Jäger an.		
g)	Polizei und Jäger treffen kurze Zeit später ein.		
h)			
i)			

Aufgabe 4

Kai erzählt am nächsten Tag seinem besten Freund, was er gestern Abend auf der Nachhausefahrt erlebt hat.
Schreibe die Erzählung in dein Heft / in deinen Ordner. Benutze dazu folgende Begriffe.

kühlt - Nebel - Wasserdampf - Wasser - unten - Wassertröpfchen - Sonne

Aufgabe 5

Lies den Text ganz genau. Decke ihn ab und schreibe aus dem Gedächtnis und mit eigenen Worten, wie Nebel entsteht.

Wie entsteht Nebel?

Die Luft enthält viel Wasser. Die Sonne lässt das Wasser am Boden verdunsten. Es entsteht Wasserdampf, der in die Luft steigt. Im Herbst sinkt die abgekühlte, feuchte Luft nach unten auf den Boden. Hier bilden sich nun kleine Wassertröpfchen wie in einer Wolke. Diese sogenannte Wolke ist dann der uns bekannte Nebel.

8. Die freche Maus

Es war ein schöner Herbsttag. Die Maus Marta hatte für den Winter schon viel Essen gesammelt. Doch es war noch nicht genug. Sie brauchte noch mehr. Bald würde es kalt werden und das Essen einfrieren. Sie musste heute Essen finden.

Da sah sie vor dem Mauseloch einen großen Apfel. Sie dachte: „Welch ein Glück. Der Winter ist gerettet! Den Apfel will ich gleich probieren. Ich muss ihn schnell in meinen Bau bringen." Am Stängel des Apfels machte sie eine Schnur fest. Daran zog sie und versuchte, den Apfel in den Bau zu ziehen. Aber der Apfel war zu groß. Er passte nicht durch das Mauseloch. „Mein kleines Haus ist zu klein"; schimpfte die Maus, „ich brauche ein größeres Haus." Sie nahm den Apfel und lief herum. Die Suche machte die Maus hungrig. Marta biss ein Stück vom Apfel ab. Da sah sie einen Bau, der größer war als ihr Haus. Sie schaute hinein. Sie sah Michi, den Maulwurf. „Ich brauche ein größeres Haus für meinen Apfel und mich. Kann ich bei dir wohnen?" fragte Marta. „Nein, das geht nicht. In meinem Haus sind viele Hörbücher. Da ist kein Platz für dich und mich", sagte der Maulwurf. Die Maus ärgerte sich und ging weg. Sie hatte wieder Hunger und aß ein weiteres Stück von ihrem Apfel. Dann sah sie einen anderen Bau. Der war größer als das Haus von Michi, dem Maulwurf. Sie schaute in den Bau und sah Heinz, den weißen Hasen. „Hallo, ich brauche ein Haus für meinen Apfel und mich. Kann ich bei dir wohnen?" fragte sie. Heinz antwortete: „Nein, das geht nicht. In meinem Haus ist viel Müll. Da ist kein Platz für dich und mich!" Traurig ging die Maus weiter. Sie biss ein weiteres Stück von dem Apfel ab. Da sah sie einen Bau, der noch größer war als der von Heinz, dem Hasen. „Hallo Dieter", rief sie zu dem Dachs, „darf ich bei dir wohnen?" Auch Dieter schüttelte nur den Kopf. Marta war sehr traurig und müde. Sie hatte Hunger und biss nochmal in ihren Apfel. Es war Abend. Da sah sie einen großen Höhleneingang. „Hallo, ist da jemand?" rief Marta. „Guten Abend kleine Maus", brummte Bernhard der Bär. „Komm herein und wohne bei mir!" Bernhard grinste. Seine Augen machten der Maus Angst.

„Nein danke, deine Höhle ist viel zu klein für dich und mich und meinen Apfel", rief sie und rannte weg. Nun war sie ganz müde. Da sah sie einen kleinen Bau. „Der sieht gut aus", freute sie sich und schaute hinein. Es war keiner da. Marta ging hinein und zog den Apfel hinter sich her. Er passte durch die Öffnung. „Ich wusste, ich finde einen schönen Bau für mich und meinen Apfel", sagte sie, kletterte in ihr eigenes Bett und schlief sofort ein.

Aufgabe 1

Lies den Text und kreuze an, welche Tiere im Text vorkommen.

O Maus   O Kaninchen   O Bär   O Eichhörnchen

O Dachs   O Hase   O Reh   O Maulwurf

Aufgabe 2

Wer heißt wie? Verbinde.

Dachs	Marta	Michi	Bär	Hase
Maus	Bernhard	Dieter	Maulwurf	Heinz

8. Die freche Maus

Aufgabe 3

Finde die 7 Wörter, die im Wörterwirrwarr versteckt sind und schreibe sie auf.

Herbst bkdjlvalHöhledjkfgaskjgBaulösfjlakVorrat jgbsdkvMausqpoümxApfelüpwükvnWinterruhejkllb

Aufgabe 4

Fülle die Lücken in den folgenden Sätzen

a) Die Maus Marta musste heute unbedingt noch _____ finden.

b) Vor ihrem Bau sah sie einen _____ liegen.

c) Der Apfel war aber zu _____ für ihren Bau.

Aufgabe 5

Wie sieht der Apfel am Anfang der Geschichte aus?
Wie sieht er am Ende aus? Male zwei Bilder

8. Die freche Maus

An einem schönen Herbsttag schaute die Maus Marta aus ihrem Bau. Sie brauchte noch Vorräte für den Winter. Sie hatte schon vieles gesammelt, aber das reichte nicht für den langen Winter aus. Bald würde der Frost alles Essbare einfrieren. Dann wäre es zu spät. Sie musste heute auf die Suche gehen.

Während sie sich so umsah, traute sie ihren Augen fast nicht. Da lag ganz nahe vor ihrem Eingang ein großer Apfel. Der Winter war gerettet! „Den möchte ich unbedingt noch heute probieren", dachte die Maus, „ich muss ihn in meinen Bau bringen." Sie band eine Schnur um den Stängel des Apfels und versuchte, ihn in den Bau zu ziehen. Doch der Apfel war zu groß. Er passte nicht durch das Mauseloch „Mein kleines Haus ist viel zu klein"; schimpfte die Maus, „ich muss mich nach einem größeren umsehen." Sie verließ schnell ihren Bau, schnappte sich den Apfel und lief umher. „Die Suche macht ganz schön Hunger", dachte Marta und biss in den saftigen Apfel. Plötzlich erblickte sie einen Bau, der ein kleines Stück größer war als ihr Haus. Sie schaute hinein und sah Michi, den fast blinden Maulwurf. „Ich brauche ein größeres Haus für meinen Apfel und mich. Kann ich bei dir wohnen?" fragte Marta. „Es tut mir leid, aber mein Heim ist voller Hörbücher. Da ist kein Platz für uns beide", brummelte der Maulwurf. Marta ärgerte sich. Sie ging fort und schaute sich weiter um. Bald war sie wieder hungrig und aß nochmal ein Stück von ihrem Apfel. Dann sah sie einen Bau, der etwas größer war als der von Michi, dem Maulwurf. Freudig blickte Marte hinein und begrüßte Heinz, den weißen Hasen: „Hallo, ich bin auf der Suche nach einem größeren Haus für mich und meinen Apfel. Könnte ich bei dir wohnen?". Heinz antwortete: „Tut mir leid, aber mein Haus ist voll mit Müll, schau selbst. Da ist kein Platz für uns beide!" Traurig suchte die Maus weiter. Im Gehen biss sie noch ein weiteres Stück von ihrem leckeren Apfel ab. Kurze Zeit später sah sie einen Bau, der erneut ein bisschen größer war als der von Heinz, dem Hasen. Marta blickte hinein. „Hallo Dieter", begrüßte sie den Dachs und fragte auch ihn, ob sie bei ihm wohnen könne. Doch Dieter schüttelte rasch den Kopf. Marta war langsam richtig frustriert und erschöpft von der Sucherei und Apfelschlepperei. Hungrig biss sie nochmal ein Stück ab. Langsam wurde es Abend. Da entdeckte sie einen riesigen Höhleneingang. „Da ist bestimmt Platz für mich", dachte sie freudig. „Hallo, ist da jemand?" rief sie in die Höhle. „Hallo, kleine Maus", knurrte Bernhard der Bär. „Warum kommst du nicht herein und wohnst hier bei mir?". Bernhards Augen machten Marta Angst.

„Hm, nein danke. Deine Höhle ist viel zu klein für mich und dich und meinen Apfel", rief sie ängstlich und rannte so schnell sie konnte davon. Marta war nun völlig erschöpft. Nur der Apfel schien immer leichter geworden zu sein. Da sah sie einen kleinen Bau. „Das sieht doch sehr gut aus", freute sie sich und blickte auch schon hinein. Es war niemand zu sehen. Marta ging nach innen und zog ihren Apfel hinter sich her. Er passt leicht durch die Öffnung. „Ich wusste, ich würde irgendwann eine perfekte Wohnung für mich und meinen Apfel finden", sagte sie und kletterte in ihr eigenes Bett und schlief sofort ein.

Aufgabe 1

Lies den Text und kreuze an, welche Tiere im Text vorkommen.

- ○ Marta, die Maus
- ○ Karl, das Kaninchen
- ○ Bruno, der Bär
- ○ Emil, das Eichhörnchen
- ○ Dieter, der Dachs
- ○ Holger, der Hase
- ○ Ralf, das Reh
- ○ Michi, der Maulwurf

8. Die freche Maus

Aufgabe 2

Finde die 7 Wörter, die im Wörterwirrwarr versteckt sind und schreibe sie auf.

HerbstjbscfkHöhleneingangjfsgBaukjbfpnrdVorratldjfhMauskrns0oApfelökfronWinterruheoifeoWohnungoeifhohungrigitonöppy

Aufgabe 3

Beantworte die Fragen in vollständigen Sätzen.

a) Warum muss Marta ihren Bau verlassen?
_____

b) Was findet Marta?
_____

c) Wonach sucht Marta, als sie den Apfel gefunden hat?
_____

d) Wen fragt Marta zuerst nach einer größeren Unterkunft?
_____

e) Vor wem hat Marta Angst?
_____

Aufgabe 4

In welcher Reihenfolge trifft Marta die anderen Tiere? Korrigiere die folgenden Sätze. Schreibe sie richtig in dein Heft/in deinen Ordner.

a) Zuerst trifft die Maus Bernhard, den Bär.

b) Als zweites lernt Marta den Maulwurf Michi kennen.

c) Als vorletztes trifft sie auf Heinz den Hasen.

d) Als letztes trifft die Maus Dieter den Dachs.

Aufgabe 5

Erkläre, warum Marta und der Apfel am Ende der Geschichte wieder in ihr eigenes Haus passen. Schreibe in deinem Heft auf.

8. Die freche Maus

Die Herbstsonne schien sanft auf die Obstwiese am Waldrand. Der Nebel hatte sich bereits gehoben. Zögernd schaute Marta, die Maus aus ihrem Bau. Sie blinzelte in die Sonne. Normalerweise verließ sie ihren Bau tagsüber nie. Das war zu gefährlich. Doch sie brauchte unbedingt noch weitere Vorräte für den Winter. Einiges hatte sie bereits gesammelt. Doch das reichte noch nicht für den ganzen Winter. Nicht mehr lange und der Frost würde alles Essbare einfrieren lassen. Dann wäre es zu spät. Ihr blieb keine Wahl: Heute würde sie die Suche riskieren müssen. Bei diesem Gedanken wurde ihr Angst und Bange.

Plötzlich stutzte sie. Sie traute ihren Augen nicht: In unmittelbarer Nähe zu ihrem Eingang lag ein riesiger Apfel. Sie schaute erneut hin. Tatsächlich, dort lag ein saftiger großer Apfel. Ihr fiel ein Stein vom Herzen. Der Winter war gerettet! „Den Apfel möchte ich unbedingt noch heute probieren", dachte die Maus, „ich muss ihn in meinen Bau bringen." Sie band eine Schnur um den Stängel des Apfels und versuchte ihn damit hineinzuziehen. Sie zog und zog, doch der Apfel blieb am Eingang hängen. Er war viel zu groß für das Mauseloch. „Mein Haus ist viel zu klein", schimpfte die Maus, „ich muss mich nach einem größeren umsehen."

Gesagt, getan. Rasch verließ sie ihren Bau und begab sich auf die Suche. Dabei zog sie den Apfel hinter sich her. „Es macht ganz schön hungrig, nach einem passenden Haus zu suchen" dachte sie und nahm ein paar Bissen von dem saftigen Apfel. Plötzlich erblickte sie einen Bau, der ein kleines Stück größer war als ihr eigenes Haus. Sie schaute ins Innere und sah Michi, den beinahe blinden Maulwurf. „Ich brauche ein größeres Haus für meinen Apfel und mich. Könnte ich bei dir wohnen?" fragte Marta vorsichtig. „Es tut mir leid, aber mein Heim ist voller Hörbücher. Da ist kein Platz für uns beide", lehnte der Maulwurf ab. Verärgert drehte sich Marta um und suchte weiter.

Bald schon war sie erneut hungrig und vertilgte nochmals ein Stück von ihrem Apfel. Dann entdeckte sie einen Bau, der ein kleines bisschen größer war als der von Michi, dem Maulwurf. Voller Vorfreude blickte Marta nach innen und begrüßte Heinz, den weißen Hasen. „Ich bin auf der Suche nach einem größeren Haus für mich und meinen Apfel. Könnte ich bei dir wohnen?" fragte sie. Heinz entgegnete: „Tut mir leid, aber mein Haus ist vollgestopft mit Müll, schau doch selbst. Da ist kein Platz für uns beide!" Traurig musste die Maus weitergehen. Doch sie wollte nicht aufgeben. Im Gehen biss sie ein weiteres Stück ihres leckeren Apfels ab.

Kurze Zeit später sah sie einen Bau, der noch ein bisschen größer war als der von Heinz, dem Hasen. „Dieses Haus wird das richtige sein!" dachte sie und blickte hinein. „Hallo Dieter", begrüßte sie den Dachs und fragte auch ihn, ob sie bei ihm wohnen könne. Doch auch Dieter schüttelte den Kopf und wies sie hastig ab. Marta war so langsam richtig frustriert und erschöpft von der ganzen Sucherei und Schlepperei. Hungrig biss sie nochmals in ihren Apfel.

Es wurde Abend. Da kam sie zu einer Kuppe am Waldrand und entdeckte dort einen riesigen Höhleneingang. „Da ist sicher Platz für mich", dachte sie freudig. „Hallo, ist da jemand?" rief sie in die Höhle. „Hallo, kleine Maus", knurrte Bernhard, der Bär. „Warum kommst du nicht herein und wohnst hier bei mir?" Bernhard grinste. Seine Augen funkelten seltsam. Marta bekam Angst. Bernhard führte bestimmt etwas im Schilde. „Hm, nein danke, ich denke deine Höhle ist viel zu klein für mich und dich und meinen Apfel", rief Marta. So schnell sie konnte drehte sie sich um und rannte davon. Als sie weit genug von der Höhle entfernt war, blieb sie außer Atem stehen. Es kam ihr so vor, als wäre es leichter geworden, den Apfel mitzuschleppen. Dennoch war sie nach all der Suche und Aufregung gänzlich erschöpft. Sie war kurz davor, aufzugeben. Als sie ein Mauseloch entdeckte, lief sie dorthin und spähte hinein: „Das sieht doch sehr gut aus." Es war niemand zuhause. Marta ging nach drinnen und zog ihren Apfel hinter sich her. Er passte leicht durch die Öffnung. „Ich wusste es doch. Irgendwann finde ich eine gute Behausung für mich und meinen Apfel!", sagte sie glücklich, kletterte in ihr eigenes Bett und schlief sofort ein.

8. Die freche Maus

Aufgabe 1

Lies den Text und kreuze an, welche Tiere im Text vorkommen.

- ○ Marta, die Maus
- ○ Maria, die Maus
- ○ Mara, die Maus
- ○ Bruno, der Bär
- ○ Bernhard, der Bär
- ○ Bert, der Bär
- ○ Mika, der Maulwurf
- ○ Milan, der Maulwurf
- ○ Michi, der Maulwurf
- ○ Heinz, der Hase
- ○ Holger, der Hase
- ○ Heiko, der Hase
- ○ Diethold, der Dachs
- ○ Diego, der Dachs
- ○ Dieter, der Dachs

Aufgabe 2

Finde die 7 Wörter, die im Wörterwirrwarr versteckt sind und schreibe sie auf.

alfnoHerbstkiaerbHöhleneingangieNK-
DachsbauoirnqVorratödfaoümMauselochs-
dlkfnaApfelödkcnaWinterruhesöakdfnWoh-
nungpdfnphungrigapodfjap

Aufgabe 3

Beantworte die Fragen in vollständigen Sätzen.

a) Wo hatte Marta, die Maus ihren Bau?
b) Warum brauchte sie jetzt noch unbedingt Futter?
c) Warum hatte der Maulwurf angeblich keinen Platz für sie?
d) Wo übernachtete Marta letztendlich?
e) Warum passte der Apfel am Abend durch das Loch im Bau?

Aufgabe 4

Heinz, der Hase erzählt abends seiner Frau Herta das Erlebnis mit Maus Marta. Schreibe das Erlebnis in dein Heft/in deinen Ordner.

9. Sankt Martin

Sankt Martin hieß ursprünglich Martin von Tours. Er wurde im Jahr 316 oder 317 geboren. Sein Vater war römischer Offizier. Er wollte, dass auch sein Sohn Martin zur Armee ginge. Als Jugendlicher hatte Martin das Christentum kennengelernt. Er wollte deshalb eigentlich nicht zum Militärdienst. Doch Martin gehorchte dem Vater und wurde mit 15 Jahren Soldat. Während seiner Soldatenzeit vertiefte sich sein Glaube immer mehr. Eines Tages erklärte er, dass er zukünftig nicht mehr Soldat des Kaisers sein wolle. Er wollte Soldat Jesu Christi werden. Er bat darum, die Armee verlassen zu dürfen. Seine Bitte wurde abgelehnt. Erst als er 40 Jahre alt war, durfte er das Militär verlassen. Bereits als Soldat hatte Martin sich taufen lassen. Nach seiner Militärzeit gründete er in Ligugé in Frankreich das erste Kloster in Europa. Martin wurde schnell bekannt für seine Hilfsbereitschaft und galt bald als Wundertäter. 372 wurde er zum Bischof von Tours geweiht. Auch als Bischof behielt er seinen bescheidenen Lebenswandel bei. Am 8. November 397 starb Martin. Sehr viele Menschen aus der Umgebung nahmen an der Beerdigung teil. Sein Grab wurde schnell für viele Menschen ein wichtiges Ziel, um zu beten.

Aus Martins Zeit als Soldat stammt die folgende Legende: Eines Tages im Winter begegnete Martin vor den Toren der Stadt einem Bettler, dem sehr kalt war. Er hatte nicht genügend Kleidung gegen die Kälte. Martin trug über seinem Panzer einen mit Schafsfell gefütterten Mantel. Da Martin dem Bettler nichts schenken konnte, zögerte er nicht lange und teilte seinen Mantel mit dem Schwert. Er gab die Hälfte dem armen Mann, der sonst sicher erfroren wäre. Diese Legende wird noch heute bei jedem Martinsumzug nachgespielt.

Außerdem wird berichtet, dass Martin sich nicht für gut genug hielt, um Bischof zu werden. Er soll sich in einem Gänsestall versteckt haben. Durch das Geschnatter der Gänse wurde Martin aber verraten und schnell gefunden. Er musste sich zum Bischof weihen lassen. Aus diesem Grund gibt es heute an St. Martin die Martinsgänse.

Aufgabe 1

Lies den Text und streiche falsche Aussagen durch.

- Martin hieß eigentlich Martin von Tours.
- Martin wurde im Jahr 360 oder 361 geboren.
- Martins Vater war römischer Arzt.
- Martin wurde mit 15 Jahren Soldat.
- Während seiner Soldatenzeit vertiefte er seinen Glauben.
- Er durfte nach 10 Jahren auf seinen Wunsch hin das Militär verlassen.
- Martin gründete das dritte Kloster im heutigen Frankreich.
- 732 wurde Martin zum Bischof gewählt.

9. Sankt Martin

Aufgabe 2

Ergänze den Lückentext mit den folgenden Begriffen.

Christentum - Glaube - Offizier - Jesu Christi - Militärdienst - Armee - Vater

Martins Vater war römischer _____. Er wollte, dass auch sein

Sohn Martin zur _____ ginge. Als Jugendlicher hatte Martin das

_____ kennengelernt. Er wollte deshalb eigentlich nicht zum

_____. Doch Martin gehorchte dem _____

und wurde Soldat. Während seiner Soldatenzeit vertiefte sich sein

_____ immer mehr. Eines Tages erklärte er, dass er zukünftig nicht

mehr Soldat des Kaisers, sondern Soldat _____ sein wolle.

Aufgabe 3

Bringe die Sätze in die richtige Reihenfolge, indem du sie von 1 bis 8 durchnummerierst. Schreibe dann die Sätze in der richtigen Reihenfolge in dein Heft/in deinen Ordner.

- [ ] Damit teilte er seinen warmen Schafsfellmantel.
- [ ] Dort saß ein Bettler.
- [ ] Martin ritt an einem Tag im Winter durch die Stadttore.
- [ ] Der Bettler freute sich riesig und nahm die Hälfte des Mantels an sich.
- [ ] Er stieg vom Pferd und nahm sein Schwert.
- [ ] Die Hälfte des Mantels gab er dem Bettler.
- [ ] Martin zögerte nicht und brachte sein Pferd vor dem Bettler zum Stehen.
- [ ] Der Bettler hatte nur Lumpen an und fror sehr.

Aufgabe 4

Wie sollte deine Martinslaterne für den Umzug am 11. November in diesem Jahr aussehen? Zeichne in dein Heft/ in deinen Ordner.

9. Sankt Martin

Sankt Martin hieß ursprünglich Martin von Tours. Er wurde im Jahr 316 oder 317 geboren und wuchs im heutigen Ungarn auf. Sein Vater war römischer Offizier und wollte, dass auch sein Sohn Martin zur Armee ginge. In seiner Jugend hatte Martin das Christentum kennengelernt. Eigentlich wollte er nicht zum Militär. Doch Martin beugte sich dem Willen des Vaters und wurde mit 15 Jahren Soldat. Während seiner Zeit in der Armee vertiefte sich sein Glaube immer weiter. Eines Tages erklärte er, dass er zukünftig nicht mehr Soldat des Kaisers, sondern Soldat Jesu Christi sein wolle. Er bat darum, die Armee verlassen zu dürfen. Zunächst wurde ihm das aber nicht erlaubt. Erst als er 40 Jahre alt war, konnte er das Militär verlassen. Einige Jahre zuvor hatte sich Martin bereits taufen lassen. Diesen Weg ging er nun weiter: Nach seiner Zeit bei der römischen Armee gründete er in Ligugé im heutigen Frankreich das erste Kloster Europas. Martin wurde in der Gegend schnell bekannt für seine Hilfsbereitschaft und galt auch als Wundertäter. Viele Menschen kamen zu ihm und baten um Rat. 372 wurde er zum Bischof von Tours geweiht. Er behielt auch als Bischof seinen bescheidenen Lebenswandel bei. Am 8. November 397 starb Martin und wurde am 11. November unter großer Beteiligung der Bevölkerung begraben. Sein Grab wurde schnell zu einer Pilgerstätte. Der 11. November gilt noch heute als Gedenktag für den Heiligen Martin.

Um den Heiligen ranken sich zahlreiche Legenden. Die bekannteste ist sicher diese: Eines Tages im Winter begegnete Martin vor den Toren der Stadt einem armen Mann, dem sehr kalt war, weil er nicht genügend Kleidung hatte. Martin trug über seinem Panzer einen warmen Chlamys, einen mit Schafsfell gefütterten Mantel. Martin hatte nichts bei sich, was er dem Mann gegen die Kälte schenken konnte. Da zögerte er nicht lange und teilte seinen Mantel mit dem Schwert. Er gab die Hälfte dem Bettler, der sonst sicher erfroren wäre. Diese Legende wird noch heute bei jedem Martinsumzug nachgespielt.

Außerdem wird berichtet, dass Martin sich nicht für würdig genug hielt, um zum Bischof geweiht zu werden. Er soll sich in einem Gänsestall versteckt haben. Durch das Geschnatter der Gänse wurde Martin verraten, gefunden und zum Bischof geweiht. Diese Legende ist der Grund, warum an St. Martin die sogenannten Martinsgänse eine Rolle spielen.

Aufgabe 1

Verbinde die Worthälften links sinnvoll mit dem Begriff rechts. Schreibe die Wörter ins Heft/in den Ordner.

a) Christen -   ○   ○ bereitschaft

b) Militär -   ○   ○ wandel

c) Hilfs -   ○   ○ tum

d) Wunder -   ○   ○ stall

e) Lebens -   ○   ○ dienst

f) Schafs -   ○   ○ täter

g) Martins -   ○   ○ fell

h) Gänse -   ○   ○ umzug

9. Sankt Martin

Aufgabe 2

Ergänze den Lückentext.

Martins Vater war römischer _____. Er wollte, dass auch sein

Sohn Martin zur _____ ginge. Als Jugendlicher hatte Martin das

_____ kennengelernt. Er wollte deshalb eigentlich nicht zum

_____. Doch Martin gehorchte dem _____

und wurde Soldat. Während seiner Soldatenzeit vertiefte sich sein

_____ immer mehr. Eines Tages erklärte er, dass er zukünftig nicht

mehr Soldat des Kaisers, sondern Soldat _____ sein wolle.

Aufgabe 3

Schreibe die Sätze korrekt zu Ende, sodass die Geschichte entsteht.

Martin ritt an einem Tag im Winter _____.

Dort saß _____.

Der Bettler hatte nur Lumpen an und _____.

Martin zögerte nicht und brachte sein Pferd vor _____.

Er stieg vom Pferd und _____.

Damit teilte er seinen _____.

Die Hälfte des _____.

Der Bettler freute sich riesig und nahm _____.

Aufgabe 4

Am 11. November werden in jedem Jahr bei einem Sankt Martinsumzug zum Andenken von Kindern Laternen durch die Straßen getragen. Christian hat sich die abgebildete Laterne gebastelt. Beschreibe sie in deinem Heft/in deinem Ordner. Benutze dazu folgende Begriffe.

Käseschachtel - Deckel - Boden - Rabe - transparent - Buntpapier - Schere - Kordel - Kerze

9. Sankt Martin

Sankt Martin hieß ursprünglich Martin von Tours. Er wurde im Jahr 316 oder 317 geboren und wuchs im heutigen Ungarn auf. Sein Vater war römischer Offizier und wollte, dass auch sein Sohn Martin zur Armee ginge. In seiner Jugend hatte Martin das Christentum kennengelernt. Eigentlich wollte er nicht zum Militär. Doch Martin beugte sich dem Willen des Vaters und wurde mit 15 Jahren Soldat. Er diente sogar in der Leibgarde von Kaiser Konstantin II.. Während seiner Zeit in der Armee vertiefte sich sein Glaube immer weiter. Eines Tages erklärte er, dass er zukünftig nicht mehr Soldat des Kaisers, sondern Soldat Jesu Christi sein wolle. Er bat darum, die Armee verlassen zu dürfen. Zunächst wurde ihm das aber verwehrt. Erst als er bereits 40 Jahre alt war, durfte er das Militär verlassen. Einige Jahre zuvor hatte sich Martin bereits taufen lassen. Diesen Weg ging er nun weiter: Zunächst zog er sich zurück und lebte als Einsiedler. 361 gründete er in Ligugé im heutigen Frankreich das erste Kloster Europas. Martin wurde in der Gegend schnell bekannt für seine Hilfsbereitschaft und galt als Wundertäter. Man erzählte sich, dass er Tote zum Leben erweckt habe. Viele Menschen kamen zu ihm und suchten bei ihm Hilfe. Weil er so beliebt war, wurde er 372 zum Bischof von Tours geweiht. Er behielt auch als Bischof seinen bescheidenen Lebenswandel bei. Martin gründete einige Pfarreien und sorgte so dafür, dass sich das Christentum auch auf dem Land festigen konnte. Am 8. November 397 starb Martin und wurde am 11. November unter großer Beteiligung der Bevölkerung begraben. Der 11. November gilt noch heute als Gedenktag für den Heiligen Martin.

Um den Heiligen ranken sich zahlreiche Legenden. Die bekannteste ist sicher diese: Eines Tages im Winter begegnete Martin vor den Toren der Stadt einem armen Mann, dem sehr kalt war. Er hatte keinen warmen Mantel. Martin trug über seinem Panzer einen warmen Chlamys, einen mit Schafsfell gefütterten Mantel. Doch Martin hatte nichts bei sich, was er dem Mann gegen die Kälte schenken konnte. Da zögerte er nicht lange und teilte seinen eigenen Mantel mit dem Schwert. Er gab die Hälfte dem Bettler, der sonst sicher erfroren wäre. Diese Legende wird noch heute bei jedem Martinsumzug nachgespielt.

Außerdem wird berichtet, dass Martin sich nicht für würdig genug hielt, um zum Bischof geweiht zu werden. Er soll sich in einem Gänsestall versteckt haben. Durch das Geschnatter der Gänse wurde Martin verraten, gefunden und zum Bischof geweiht. Diese Legende ist der Grund, warum an St. Martin die sogenannten Martinsgänse eine Rolle spielen.

Aufgabe 1

Bilde aus den folgenden Silben Wörter aus dem Text. Schreibe sie in die Liste. Achte auf die richtige Schreibweise.

be – bens - chris – del - der - dienst – fell – gän - hilfs – le - li – mar - mi – reit – schafs - schaft – se – stall - tä - tär - ten – ter – tins - tum – um - wan - wun - zug

a) Christentum
b) _____
c) _____
d) _____
e) _____
f) _____
g) _____
h) _____

9. Sankt Martin

Aufgabe 2

Ergänze den Lückentext.

Martins Vater war römischer _____. Er wollte, dass auch sein Sohn Martin zur _____ ginge. Als Jugendlicher hatte Martin das _____ kennengelernt. Er wollte deshalb eigentlich nicht zum _____. Doch Martin gehorchte dem _____ und wurde Soldat. Während seiner Soldatenzeit vertiefte sich sein _____ immer mehr. Eines Tages erklärte er, dass er zukünftig nicht mehr Soldat des Kaisers, sondern Soldat _____ sein wolle. Er bat darum, die _____ verlassen zu dürfen. Zunächst wurde ihm das aber _____. Erst als er bereits _____ Jahre alt war, durfte er das Militär verlassen. Einige Jahre zuvor hatte sich Martin bereits _____ lassen.

Aufgabe 3

Führe die Satzanfänge so sinnvoll fort, dass sie, in die richtige Reihenfolge gebracht, die Legende von Sankt Martin erzählen.

☐ Dort saß _____.
☐ Martin ritt an einem Tag im Winter _____.
☐ Der Bettler _____.
☐ Er stieg vom Pferd und _____.
☐ Die Hälfte des _____.
☐ Martin zögerte nicht und brachte sein Pferd vor _____.
☐ _____.

Aufgabe 4

Eine Legende erzählt von der Begegnung Martins mit einem Bettler. Beschreiben diese Begegnung mit deinen eigenen Worten. Schreibe in deinen Heft/ in deinen Ordner.

Lösungen

1. Aufgabe 1 — individuelle Lösungen

1. Aufgabe 2 — <u>Richtige Reihenfolge:</u>
Leonie, Maria, Jana und ich entscheiden uns für das Thema „Herbstbaum".
Im Wald sammeln wir Kastanien, Eicheln und andere Dinge.
Leonie besorgt dicke Pappe.
Wir essen Muffins.
Wir streichen Kleber auf den Stamm des Pappbaumes.
Der Herbstbaum muss jetzt trocknen.

---

2. Aufgabe 1 — <u>Reihenfolge:</u> b), f), e), d), c), a)

2. Aufgabe 2
„Licht vertreibt doch Einbrecher, oder nicht?" (Nina)
„Das ist bestimmt ein Tier." (Ninas Eltern)
„Endlich alleine zuhause!" (Nina)
„Ja wen haben wir denn da?"(Ninas Vater)
„Warum ist die Balkontür gekippt?"(Nina)
„Nina?" (Ninas Vater)

2. Aufgabe 3 — **a)** Popcorn; **b)** lustig; **c)** Sie stellt den Fernseher leiser.

2. Aufgabe 4 — Die Überschrift passt zum letzten Abschnitt, also dem 3. Abschnitt.

---

3. Aufgabe 1
a) Das Erntedankfest wird im Herbst gefeiert.
b) Die Kirchenbesucher bringen zum Beispiel Obst, Gemüse oder Brot mit.

3. Aufgabe 2 — **a)** Amerika   **b)** Obst und Gemüse

3. Aufgabe 3
Mögliche Lösungen:
a) Für einen gute Ernte kann der Mensch nicht alleine sorgen.
b) Erntedank wird bei uns meist in der Kirche gefeiert./Erntedank wird auch in anderen Ländern gefeiert.
c) Mit Gebeten und Liedern wird für das gute Wetter gedankt.
d) Oft macht die Gemeinde nach dem Gottesdienst noch einen festlichen Umzug.

3. Aufgabe 4 — Individuelle Lösungen

---

4. Aufgabe 1 — <u>Richtige Aussagen:</u> **c), d), f)**

4. Aufgabe 2 — **a)** Wann fallen die Blätter vom Baum? **b)** In welche Farben verfärben sich die Blätter von Bäumen?

4. Aufgabe 3 — Herbst, Blattgrün, Farbstoff, Rot, Gelb, Orange, Chlorophyll

4. Aufgabe 4 — Individuelle Lösungen

---

5. Aufgabe 1 — Wir bauen in Opas Werkstatt einen Drachen. Der Drachen ist fertig. Der Wind reißt mir die Rolle aus der Hand. Ich träume von meinem coolen Drachen.

5. Aufgabe 2 — **a)** In Opas Werkstatt **b)** Säge und Seidenpapier **c)** Auf einem Feld

5. Aufgabe 3
EINE|KURZE|SCHNUR|BEFESTIGEN|WIR|AM|DRACHEN|DAMIT|KÖNNEN|WIR|IHN|STEIGEN|LASSEN|AN|EINEM|WEITEREN|FADEN|BEFESTIGEN|WIR|BUNTE|PAPAIERSCHLEIFEN|UND|BINDEN|SIE|AM|DRACHEN|FEST|DER|DRACHEN|IST|FERTIG
Eine kurze Schnur befestigen am Drachen. Damit können wir ihn steigen lassen. An einem weiteren langen Faden befestigen wir bunte Papierschleifen und binden sie am Drachen fest. Der Drachen ist fertig.

5. Aufgabe 4 — Individuelle Lösungen, aber der gemalte Drachen ist grün und hat einen bunten Schwanz.

---

6. Aufgabe 1
a) Halloween kommt ursprünglich aus Irland. Irische Einwanderer brachten den Brauch in die USA und nach Kanada.
b) Ein bekannter Brauch an Halloween ist das Aushöhlen von Kürbissen.
c) Typisch für Halloween ist auch das Verkleiden. Man kann an diesem Tag (bzw. Nacht) Feen, Fledermäuse, Geister, Hexen, Kürbisse, Skelette, Zombies und Vampire sehen.

6. Aufgabe 2 — schwarzen; Handschuhe; Blut; Mund; roter; blass; dunkle; Vampire

6. Aufgabe 3 — individuelle Lösungen

Lösungen

7. Aufgabe 1 — In der Geschichte werden erwähnt: ein Polizist, Kai, Kais Mutter, Kais Vater, Kais Oma, ein Jäger

7. Aufgabe 2 — Maus, Dachs, Reh, Hirsch, Hase

7. Aufgabe 3 — a) richtig; b) falsch; c) falsch; d) richtig; e) falsch

7. Aufgabe 4 — Oma: a); Kai: c), g), h); Vater: b), e); Mutter: d), f)

7. Aufgabe 5 — Die Luft enthält viel Wasser. Im Herbst kühlt die warme und feuchte Luft ab. Die abgekühlte Luft sinkt nach unten auf den Boden. Hier bilden sich nun kleine Wassertröpfchen wie in einer Wolke. Diese sogenannte Wolke ist dann der uns bekannte Nebel.

---

8. Aufgabe 1 — Maus, Dachs, Hase, Bär, Maulwurf

8. Aufgabe 2
Marta, die Maus
Michi, der Maulwurf
Heinz, der Hase
Dieter, der Dachs
Bernhard, der Bär

8. Aufgabe 3 — Folgende Wörter sind versteckt: Herbst, Höhle, Bau, Vorrat, Maus, Apfel, Winterruhe

8. Aufgabe 4
a) Die Maus Marta musste heute unbedingt noch Essen finden.
b) Vor ihrem Bau sah sie einen Apfel liegen.
c) Der Apfel war aber zu groß für ihren Bau.

8. Aufgabe 5

---

9. Aufgabe 1
- Martin hieß eigentlich Martin von Tours.
- ~~Martin wurde im Jahr 360 oder 361 geboren.~~
- ~~Martins Vater war römischer Arzt.~~
- Martin wurde mit 15 Jahren Soldat.
- Während seiner Soldatenzeit vertiefte er seinen Glauben.
- ~~Er durfte nach 10 Jahren auf seinen Wunsch hin das Militär verlassen.~~
- ~~Martin gründete das dritte Kloster im heutigen Frankreich.~~
- ~~732 wurde Martin zum Bischof gewählt.~~

9. Aufgabe 2 — Martins Vater war römischer Offizier. Er wollte, dass auch sein Sohn Martin zur Armee ginge. Als Jugendlicher hatte Martin das Christentum kennengelernt. Er wollte deshalb eigentlich nicht zum Militärdienst. Doch Martin gehorchte dem Vater und wurde Soldat. Während seiner Soldatenzeit vertiefte sich sein Glaube immer mehr. Eines Tages erklärte er, dass er zukünftig nicht mehr Soldat des Kaisers, sondern Soldat Jesu Christi sein wolle.

9. Aufgabe 3
Richtige Reihenfolge:
6 Damit teilte er seinen warmen Schafsfellmantel.
2 Dort saß ein Bettler.
1 Martin ritt an einem Tag im Winter durch die Stadttore.
8 Der Bettler freute sich riesig und nahm die Hälfte des Mantels an sich.
5 Er stieg vom Pferd und nahm sein Schwert.
7 Die Hälfte des Mantels gab er dem Bettler.
4 Martin zögerte nicht und brachte sein Pferd vor dem Bettler zum Stehen.
3 Der Bettler hatte nur Lumpen an und fror sehr.

Lösungen

!

1. Aufgabe 1 individuelle Lösungen

1. Aufgabe 2 Richtige Reihenfolge: Unsere Gruppe plant das Thema "Herbstbaum".
Leonie besorgt dicke Pappe.
Wir sammeln im Wald Materialien.
Jana überträgt den Umriss mit Bleistift auf die Pappe.
Mit den gesammelten Materialien gestalten wir die Baumkrone.
Ich trage den getrockneten Baum in die Schule.

1. Aufgabe 3 Richtige Aussagen: **a), d)** ; falsche Ausgaen: **b), c), e), f)**

1. Aufgabe 4 a) Die Mutter backt Muffins. b) Die Gruppe entscheidet sich für das Thema Herbstbaum.

---

2. Aufgabe 1 Richtige Reihenfolge: **c), h), g), d), b), e), a), f)**

2. Aufgabe 2 Nina fragt sich: „Licht vertreibt doch Einbrecher, oder nicht?"
„Das ist bestimmt ein Tier", sprechen beruhigend Ninas Eltern.
„Endlich alleine zuhause", denkt sich Nina.
Ninas Vater sagt:„Ja, wen haben wir denn da?"
„Warum ist die Balkontür gekippt?" fragt sich Nina.
„Nina?" spricht Ninas Vater.

2. Aufgabe 3 a) Nina kann die Geräusche auf dem Balkon erst hören, als sie umschaltet und es kurz ruhig ist.
b) Nina bekommt Angst, weil das Rascheln und Schmatzen nicht aufhört.
c) Als Ninas Vater das Laub anhebt, sehen sie einen kleinen Igel.

2. Aufgabe 4 Lösungswort: IGEL

---

3. Aufgabe 1 Die Erntkrone wird aus Getreide und Weinreben geflochten und sieht aus wie eine große Königskrone. Sie wird meist mit Blumen oder anderen Erntegaben geschmückt. Gelegentlich werden bunte Bänder hineingeflochten.

3. Aufgabe 2 a) Für die Ernte und das günstige Wetter. b) Feldfrüchte

3. Aufgabe 3 a) Es liegt nicht alleine in der Hand des Menschen, dass die Ernte gut wird und so ausreichend Nahrung vorhanden sein wird.
b) Die mitgebrachten Feldfrüchte werden dekorativ vor den Altar gelegt, zur Schau gestellt und gesegnet.
c) Eine Erntekrone wird aus Getreide und Weinreben geflochten. Sie sieht aus wie eine große Königskrone.
d) An Thanksgiving wird in Amerika traditionell Truthahn gegessen.

3. Aufgabe 4 Mögliche Lösung: Im Erntekorb können liegen: Äpfel, Birnen, Weintrauben, Brot, Brötchen, Getreide, Pflaumen, Flasche mit Apfelsaft, Pfirsiche, Gläser mit selbstgemachter Marmelade, Naturprodukte.

---

4. Aufgabe 1 Richtige Antworten: **b), d), f)**

4. Aufgabe 2 a) Wie nennt man die grüne Farbe in jedem Blatt? b) Was sind typische Herbstfarben und warum ist das so?

4. Aufgabe 3 Herbst, Laub, bunt, Chlorophyll, Farbstoffe, Enzyme, zurückziehen

4. Aufgabe 4 **Chlorophyll**: Chlorophyll ist die grüne Farbe in jedem Blatt.
Enzyme: Enzyme sind Stoffe, die dafür zuständig sind, dass das Chlorophyll abwandert.
Signalfarbe: Eine Signalfarbe wie zum Beispiel rot warnt andere Lebewesen.

---

5. Aufgabe 1 Opa versprach mir, zusammen mit mir einen Drachen zu bauen. In Opas Werkstatt basteln wir gemeinsam einen grünen Drachen mit einem bunten Schwanz. Seite an Seite gehen wir mit dem Drachen raus aufs Feld. Der Drachen wird von einer Windböe erfasst. Ich träume von meinem schönen Drachen.

5. Aufgabe 2 a) Herbst b) Grün c) Eine Windboe reißt mir die Rolle mit der Schnur aus der Hand.

5. Aufgabe 3 Drachen - grünes - Stiefel - Jacken - regnet - Rolle - weg - kleiner - Bett - bunten

5. Aufgabe 4 Lösungsvorschlag: Nur geträumt?

---

6. Aufgabe 1 a) Die englische Bezeichnung für Allerheiligen ist All Hallow's Eve. Damit wird der Tag bzw. die Nacht vor Allerheiligen gemeint. (31. Oktober und die Nacht zum 1. November). Ursprünglich stammt das Fest als Irland. Irische Einwanderer brachten den Brauch in die USA und nach Kanada.
b) Die sogenannte Jack O'Laterne besteht aus einem ausgehöhlten Kürbis, in den eine glühende Kohle zur Beleuchtung gelegt wird. (Heute ist dies zumeist ein Teelicht).
c) Für die Kostüme an Halloween gilt: Je gruseliger, umso besser. Typische Gestalten an Halloween sind: Feen, Fledermäuse, Geister, Hexen, Kürbisse, Skelette, Zombies und Vampire.

Lösungen !

6. Aufgabe 2
Halloween - weiten - schwarzen - Hals - Blut - gruselig - Hakennase - Besen - schrecklichsten - unförmige - Gliedmaßen - auffällig

6. Aufgabe 3
individuelle Lösungen

---

7. Aufgabe 1
In der Geschichte werden erwähnt: ein Polizist, Kai, Kais Mutter, Kais Vater, Kais Oma, ein Jäger

7. Aufgabe 2
Maus, Dachs, Reh, Hirsch, Hase, Specht, Ameise

7. Aufgabe 3
Richtige Aussagen: **a), d), f), g)**

7. Aufgabe 4
Mögliche Lösungen:
a) Familie Walter besucht Kais Oma am 11. November, weil sie an diesem Tag Geburtstag hat.
b) Die Oma warnt Familie Walter vor der Heimfahrt, denn bei Nebel sieht man kaum etwas.
c) Herr Walter macht eine Vollbremsung, weil etwas auf der Fahrbahn liegt.
d) Nachdem die Walters zwei Wildschweine entdeckt haben, rufen sie die Polizei und einen Jäger an.

7. Aufgabe 5
Die Luft enthält viel <u>Wasser</u>. Die <u>Sonne</u> lässt das Wasser am Boden verdunsten. Es entsteht <u>Wasserdampf</u>, der in die Luft steigt. Im Herbst <u>kühlt</u> die warme und feuchte Luft ab. Die abgekühlte Luft sinkt nach <u>unten</u> auf den Boden. Hier bilden sich nun kleine <u>Wassertröpfchen</u> wie in einer Wolke. Diese sogenannte Wolke ist dann der uns bekannte <u>Nebel</u>.

---

8. Aufgabe 1
Marta, die Maus; Dieter, der Dachs; Michi, der Maulwurf

8. Aufgabe 2
Folgende Wörter sind versteckt: Herbst, Höhleneingang, Bau, Vorrat, Maus, Apfel, Winterruhe, Wohnung, hungrig

8. Aufgabe 3
a) Marta musste unbedingt ihren Bau verlassen, weil sie Futter für den Winter suchte.
b) Der Winter war gerettet, weil Marta vor ihrem Bau einen Apfel entdeckte.
c) Sie suchte nach einer größeren Behausung.
d) Marta fragte zuerst Michi, den Maulwurf, ob sie bei ihm wohnen könne.
e) Marta bekam vor dem Bären Angst.

8. Aufgabe 4
a) Zuerst trifft die Maus Michi, den Maulwurf.
b) Als zweites lernt Marta den Hasen Heinz kennen..
c) Als vorletztes trifft sie auf Dieter, den Dachs.
d) Als letztes trifft die Maus Bernhard, den Bären.

8. Aufgabe 5
Marta und der Apfel passen am Ende der Geschichte wieder in ihr eigenes Haus, weil Marta während der Suche nach einem passenden Haus immer wieder von dem Apfel abgebissen hat. So wurde der Apfel immer kleiner. Er wurde so klein, dass sie zum Schluss in das eigene Haus passen.

---

9. Aufgabe 1
a) Christentum; b) Militärdienst; c) Hilfsbereitschaft; d) Wundertäter; e) Lebenswandel; f) Schafsfell; g) Martinsumzug; h) Gänsestall

9. Aufgabe 2
Martins Vater war römischer <u>Offizier</u>. Er wollte, dass auch sein Sohn Martin zur <u>Armee</u> ginge. Als Jugendlicher hatte Martin das <u>Christentum</u> kennengelernt. Er wollte deshalb eigentlich nicht zum <u>Militär/Militärdienst</u>. Doch Martin gehorchte dem <u>Vater</u> und wurde Soldat. Während seiner Soldatenzeit vertiefte sich sein <u>Glauben</u> immer mehr. Eines Tages erklärte er, dass er zukünftig nicht mehr Soldat des Kaisers, sondern Soldat <u>Jesu Christi</u> sein wolle.

9. Aufgabe 3
Martin ritt an einem Tag im Winter durch die Stadttore.
Dort saß ein Bettler.
Der Bettler hatte nur Lumpen an und fror sehr.
Martin zögerte nicht und brachte sein Pferd vor dem Bettler zum Stehen.
Er stieg vom Pferd und nahm sein Schwert.
Damit teilte er seinen warmen Schafsfellmantel.
Die Hälfte des Mantels gab er dem Bettler.
Der Bettler freute sich riesig und nahm die Hälfte des Mantels an sich.

9. Aufgabe 4
Von einer runden <u>Käseschachtel</u> schneide ich in den <u>Deckel</u> mit der <u>Schere</u> ein großes Loch, sodass eine Kerze hindurchpasst. Das wird mein oberer Laternenring. Das Unterteil der Käseschachtel ist der <u>Boden</u> meiner Laterne. Nun schneide ich mir <u>transparentes</u> Papier rechteckig zu und klebe es im passenden Abstand auf die Ränder der Käseschachtel. Mit Buntpapier verziere ich meine Laterne. Aus <u>Buntpapier</u> bastle ich einen <u>Raben</u> und klebe ihn auf die Laterne. Die <u>Kordel</u> über dem Deckel dient als Halterung für den Laternenstab. Nun kann ich eine <u>Kerze</u> ins Innere der Laterne stellen und sie anzünden.

Lösungen

★

1. Aufgabe 1 — individuelle Lösungen

1. Aufgabe 2
Mögliche Lösung::
Unser Projektthema ist „Herbstbaum".
Pappe und Papier besorgt Leonie.
Im Wald sammeln wir die verschiedensten Dinge, wie z.B. Kastanien, Haslenüsse und vertrocknete Blüten.
Den Baumumriss überträgt Jana auf die Pappe.
Die Rinde kleben wir auf den Stamm es Pappbaumes.
In einer Baumwolltasche trage ich den fertigen Baum in die Schule.
Die Präsentation können wir kaum erwarten.

1. Aufgabe 3 — Richtige Aussagen: **b), d), e)** ; falsche Aussgaen: **a), c), f)**

1. Aufgabe 4
a) Die Pappe dient al Unterlage für den Baum. Hierauf werden die Materialien festgeklebt.
b) Die Tasche dient dazu, um den getrockneten Baum in die Schule zu tragen.

---

2. Aufgabe 1 — Richtige Reihenfolge: c), h), g), d), b), e), a), f)

2. Aufgabe 2
a) Nina ist alleine zu Hause, weil ihre Eltern zu einem Geburtstag bei Freunden eingeladen wurden.
b) Als Nina Geräusche hört, stellt sie zuerst den Fernseher leiser und ruft dann ihre Mutter und als sie diese nicht erreicht ihren Vater an.
c) Erst ruft Nina ihre Mutter und danach ihren Vater an.

2. Aufgabe 3
Nina hört das Freizeichen: „Nun mach schon, Papa, nimm ab!"   „Nina?" ruft Ninas Vater in den Hörer.
Nina schreit schon fast: „Papa, komm sofort heim!"   Die Mutter fragt besorgt: „Was ist denn passiert mein Kind?"
„Ein, ein Einbrecher, draußen", stammelt Nina.
„Was, war ein Einbrecher in unserem Haus?" schreit die Mutter entsetzt.
Nina ergänzt: „Von draußen hört man laufend komische Geräusche!"

2. Aufgabe 4
a) Mögliche Lösungen: Der gruselige Igel; Ein Schrecken namens Igel   b) Individuelle Lösungen

---

3. Aufgabe 1
Nach dem Gottesdienst findet in vielen katholischen Gemeinden eine Prozession durch den Ort statt. An diesem Festzug nehmen alle Gottesdienstbesucher teil. Es spielt auch der örtliche Musikverein/Spielmannszug.

3. Aufgabe 2
a) Für die Ernte und das günstige Wetter.   b) Feldfrüchte   c) Am ersten Sonntag im Oktober.

3. Aufgabe 3
a) Feldfrüchte, Obst und Gemüse werden von den Gottesdienstbesuchern an Erntedank in den Gottesdienst mitgebracht und dekorativ vor den Altar gelegt.
b) Während des Gottesdienstes werden die mitgebrachten Naturprodukte gesegnet.
c) Soziale Einrichtungen profitieren von den Erntedankgaben, in dem sie diese geschenkt bekommen. Diese Einrichtungen verteilen die Gaben an Menschen, die nicht so viel haben.
d) Thanksgiving ist in Amerika auch ein allgemeines Dankesfest für alles Gute und den Erfolg im Beruf. Thanksgiving ist ein staatlicher Feiertag, an dem traditionell Truthahn gegessen wird.

3. Aufgabe 4
Mögliche Lösung: In einem Erntedankkorb können Äpfel, Birnen, Weintrauben, Brot, Brötchen, Getreide, Pflaumen, Flasche mit Apfelsaft, Pfirsiche, Gläser mit selbstgemachter Marmelade etc. liegen. Die Erntedankkörbe stehen im Gottesdienst dekorativ vor dem Altar und werden im Gottesdienst gesegnet. Anschließend werden die Gaben an soziale Einrichtungen verteilt.

---

4. Aufgabe 1 — Richtige Antworten: **a), c), d), g), i)**

4. Aufgabe 2
a) Wie bezeichnet man den grünen Farbstoff in Blättern?
b) Mögliche Lösungen: • In welchen Farben erstrahlen die Laubwälder im Herbst?
• Wann erstrahlen die Laubwälder in bunten Farben?
• Warum sind die Laubwälder im Herbst bunt gefärbt?

4. Aufgabe 3
Laub, bunt, Chlorophyll, Farbstoffe, Enzyme, Lichtempfindlichkeit

Laub: Blätter von Bäumen nennt man auch Laub.

bunt: Wenn etwas nicht nur eine Farbe hat, wird es als bunt bezeichnet.

Chlorophyll: Der grüne Blattfarbstoff in Blättern wird Chlorophyll genannt.

Farbstoffe: Damit sich Blätter im Herbst bunt verfärben können enthalten sie bereits im Frühjahr bzw. Sommer mehrere Farbstoffe.

Enzyme: Enzyme werden benötigt, damit ein Baum das Chlorophyll (Blattgrün) in die Äste und den Stamm zurückziehen kann. Enzyme sind lichtempfindlich.

Lichtempfindlichkeit: Sachen, die lichtempfindlich sind werden durch Licht teilweise oder ganz zerstört. Der rote Farbstoff in den Blättern schützt die Enzyme vor dem Licht. Sonst gingen sie kaputt.

4. Aufgabe 4
a) Das Chlorophyll hat die Hauptaufgabe die Blätter grün zu färben und den Baum zu ernähren.
b) Es wandert in den Stamm, in die Äste und in die Zweige.

---

5. Aufgabe 1
a) Er versprach einen Drachen zu bauen und ihn steigen zu lassen.
b) Man testet das Gleichgewicht, indem man ihn an den Ringen hochhält.

Lösungen

★

5. Aufgabe 2   Richtige Reihenfolge: c) - a) - h) - b) - f) - e) - g) - d)

5. Aufgabe 3
a) Opa hat versprochen, dass wir einen Drachen bauen und ihn steigen lassen.
b) Man testet das Gleichgewicht des Drachens, indem man ihn an den Ringen hochhält.
c) Man muss die Rolle mit der Drachenschnur gut festhalten, weil es sonst passieren kann, dass der Wind die Rolle aus den Händen reißt.

5. Aufgabe 4   Individuelle Lösungen

---

6. Aufgabe 1
a) Halloween wird am Tag bzw. der Nacht vor Allerheiligen gefeiert. Allerheiligen ist ein katholischer Feiertag. Ursprünglich stammt Halloween aus Irland. Im 19. Jahrhundert wanderten viele Iren aus und brachten so den Brauch in die USA und Kanada. In den letzten Jahren verbreiten sich die typischen Halloweenbräuche auch immer mehr in Europa.
b) Ein bekannter Brauch an Halloween ist das Aushöhlen von Kürbissen.
c) Typisch für Halloween ist das Verkleiden. Besonders beliebt sind Feen, Fledermäuse, Geister, Hexen, Kürbisse, Skelette, Zombies und Vampire.

6. Aufgabe 2   Kostüm; Halloween; schwarzen; Handschuhe; Opfern; Hals; Blut; Eckzähne; Mundwinkel; Blut; roter; blass; Hüte; dunkle; ungesund

6. Aufgabe 3   individuelle Lösungen

---

7. Aufgabe 1   Waldameise, Wildschwein, Eichhörnchen, Buntspecht, Marder, Eule, Kuckuck, Borkenkäfer

7. Aufgabe 2   In der Geschichte werden erwähnt: ein Polizist, Kai, Kais Mutter, Kais Vater, Kais Oma, ein Jäger

7. Aufgabe 3   Richtige Aussagen: a), d), f), g);   Individuelle Lösungen

7. Aufgabe 4   individuelle Lösungen

7. Aufgabe 5   individuelle Lösungen

---

8. Aufgabe 1   Marta, die Maus; Bernhard; der Bär ; Michi, der Maulwurf, Heinz, der Hase; Dieter, der Dachs

8. Aufgabe 2   Herbst, Höhleneingang, Dachsbau, Vorrat, Mauseloch, Apfel, Winterruhe, Wohnung, hungrig

8. Aufgabe 3
a) Marta hatte ihren Bau auf einer Obstwiese nahe dem Waldrand.
b) Sie brauchte noch unbedingt Futter, weil sie noch Vorräte für den Winter benötigte.
c) Der Maulwurf hatte angeblich keinen Platz für sie, weil seine Wohnung voller Hörbücher war.
d) Marta übernachtete letztendlich in ihrem eigenen Bau.
e) Der Apfel passte durch das Loch, weil Marta im Laufe des Tages immer wieder davon abbiss.

8. Aufgabe 4   Individuelle Lösungen

---

9. Aufgabe 1   a) Christentum; b) Militärdienst; c) Hilfsbereitschaft; d) Wundertäter; e) Lebenswandel; f) Schafsfell; g) Martinsumzug; h) Gänsestall

9. Aufgabe 2   Martins Vater war römischer <u>Offizier</u>. Er wollte, dass auch sein Sohn Martin zur <u>Armee</u> ginge. Als Jugendlicher hatte Martin das <u>Christentum</u> kennengelernt. Er wollte deshalb eigentlich nicht zum <u>Militär</u>. Doch Martin gehorchte dem <u>Vater</u> und wurde Soldat. Während seiner Soldatenzeit vertiefte sich sein <u>Glaube</u> immer mehr. Eines Tages erklärte er, dass er zukünftig nicht mehr Soldat des Kaisers, sondern Soldat <u>Jesu Christi</u> sein wolle. Er bat darum, die <u>Armee</u> verlassen zu dürfen. Zunächst wurde ihm das aber <u>verwehrt</u>. Erst als er bereits 40 Jahre alt war, durfte er das Militär verlassen. Einige Jahre zuvor hatte sich Martin bereits <u>taufen</u> lassen.

9. Aufgabe 3
Mögliche Lösung:
6 Damit teilte er *seinen warmen Schafsfellmantel.*
2 Dort saß *ein Bettler.*
1 Martin ritt an einem Tag im Winter *durch die Stadttore.*
8 Der Bettler *freute sich riesig und nahm die Hälfte des Mantels an sich.*
5 Er stieg vom Pferd und *nahm sein Schwert.*
7 Die Hälfte des Mantels *gab er dem Bettler.*
4 Martin zögerte nicht und brachte sein Pferd vor *dem Bettler zum Stehen.*
3 *Der Bettler hatte nur Lumpen an und fror sehr.*

9. Aufgabe 3   Individuelle Lösungen.

Deutsch

6-10 Jahre

Grimms Hörwerkstatt
Die *etwas andere* Märchenkiste

Eine Hörwerkstatt mit erzählten, gelesenen oder gespielten Märchen, die zusätzlich Arbeitsblätter und Ideen zur Umsetzung enthält. Es wird gehört, verstanden, gelesen, gebastelt, gemalt, erfunden, erzählt, besprochen, formuliert ... So bekommen Grimms wunderschöne Märchen ganz schnell frischen Schwung! *Deutschunterricht, der Freude bereitet!*

2.-4. Klasse | 56

	Nr. 11 443	19,80 €
PDF	Nr. P11 443	15,99 €

PDF-Schullizenz 64,- €

Kohls kreative Märchenwerkstatt

Die Gebiete *Lesen & Schreiben*, *Malen & Basteln*, *Spielen & Singen* sowie *Entdecken & Erforschen* bieten vielseitige Angebote für Einzel-/Partner-/Gruppenarbeit. Hierbei lassen sich die vier Gebiete als Stationen umsetzen, die mehrere Auswahlmöglichkeiten in ihren Bereichen bieten. So findet sich für jede Leistungsgruppe eine individuelle Herangehensweise an das Projektthema „Märchen".

1.-4. Klasse | 72

	Nr. 10 858	17,80 €
PDF	Nr. P10 858	14,49 €

PDF-Schullizenz 58,- €

Die Erbse auf der Prinzessin
Andersens Märchen kreativ erschließen

Märchenleselust wird entfesselt, wenn Schreib- und Gestaltungsideen dazu anregen, Prinzessinnen zum Erbsen-Casting bei der künftigen Schwiegermutter zu begleiten oder mit der kleinen Meerjungfrau in eine Phantasiewelt abzutauchen. Andersens Märchen werden als moderne Beziehungsgeschichten betrachtet, in denen uns Blender und Betrüger, Wahrheit und Zivilcourage begegnen.

BF

ab 3. Klasse | 48

	Nr. 10 991	13,80 €
PDF	Nr. P10 991	10,99 €

PDF-Schullizenz 44,- €

LWST Märchen, Fabeln & Sagen

Die Arbeitsblätter inspirieren zum **kreativen Schreiben** und zum Umgang mit **Fantasie**. Die einzelnen Aufgaben gehen neben den verkürzten Inhalten der Märchen, Fabeln & Sagen auf **Textverständnis** und **Sinn** ein. Zusätzlich lockern **Spiele** den Unterricht auf. *Ein abschließender Wissenstest reflektiert und festigt das Gelernte!*

ab 3. Klasse | 68

	Nr. 10 857	16,80 €
PDF	Nr. P10 857	13,49 €

PDF-Schullizenz 54,- €

Wochenplan Märchen 3/4   NEU

Jede Woche in fünf Einheiten auf einem Bogen. Die Märchentexte eignen sich für den Schwerpunkt einer handlungs- und produktionsorientierten Textarbeit. Neben der Erarbeitung der typischen Märchenmerkmale wird das Handwerkszeug für die individuelle Gestaltung und Präsentation der Texte vermittelt. Durch die einfache Struktur und den hohen Dialoganteil lassen sich die Vorlagen auch spielerisch und kreativ bei hoher Motivation darstellen.

3.-4. Klasse | 64

	Nr. 11 822	16,80 €
PDF	Nr. P11 822	13,49 €

PDF-Schullizenz 54,- €

Das Gedichte-Starterkit
Zündende Ideen für den Lyrikunterricht

Vielfältiges Material- und Methodenset zum Umgang mit Gedichten: Die Kinder lernen mit Reim und Takt umzugehen, schreiben eigene Zweizeiler und betreten den „Lyrikladen", Der Band enthält neben Aufgaben für „Lyrikeinsteiger" auch anspruchsvolles Material für „Lyrikexperten". Auch ein übersichtliches Lyriklexikon ist enthalten. Ein umfangreicher Methodenpool zum themen- und leistungsdifferenzierten Unterricht.

ab 3. Klasse | 56

	Nr. 11 180	15,80 €
PDF	Nr. P11 180	12,49 €

PDF-Schullizenz 50,- €

Deutsch XXL

Lesetexte für jede Jahreszeit
Texte in drei Niveaustufen

Motivierende und jahreszeitbezogene Texte, Geschichten, Dialoge usw. rund um die Jahreszeiten fördern die Lesekompetenz der Schüler. Die inhaltlich gleichen Vorlagen sind in den 3 Niveaustufen ...

- **G** = Grundlegendes Niveau
- **M** = Mittleres Niveau
- **E** = Erweitertes Niveau

... verfasst und ermöglichen allen Lernenden das ihrem Leistungsvermögen entsprechende Textverstehen. Übungsaufgaben und Lernzielkontrollen schließen sich an die jeweiligen Lesetexte in verschiedenen Niveaustufen an. *Ein Muss zur Unterstützung der Sprach- und Leseentwicklung!*

3.-6. Schuljahr

FRÜHLINGSZEIT		Nr. 11 736	16,80 €
	PDF	Nr. P11 736	13,49 €
SOMMERZEIT		Nr. 11 737	16,80 €
	PDF	Nr. P11 737	13,49 €
HERBSTZEIT		Nr. 11 733	16,80 €
	PDF	Nr. P11 733	13,49 €
WINTERZEIT		Nr. 11 734	16,80 €
	PDF	Nr. P11 734	13,49 €
ADVENTS- & WEIHNACHTSZEIT		Nr. 11 823	16,80 €
	PDF	Nr. P11 823	13,49 €

5.-6. Klasse | 64

PDF-Schullizenz (je Band) 54,- €

Ohren auf!   Hörverstehen trainieren

„Ohren auf!" ... denn Hören und Zuhören sind Grundvoraussetzungen fürs Lernen! Die Kinder lernen durch den Einsatz der CD aktives Hören. So werden das Verstehen fremder Texte von unterschiedlichen Sprechern und das Achten auf verschiedene Geräusche auf vielfältige Art und Weise geübt. Speziell für die ersten beiden Schuljahre wird auf einen geringen Schreib-/Malanteil Wert gelegt. Die Materialien sind durchgängig einfach strukturiert und kindgerecht gestaltet, die Aufgaben klar und einfach formuliert.

(Zu)Hören als Grundkompetenz des Lernens

1.-2. Klasse		Nr. 11 163	24,80 €
(72 Seiten)	PDF	Nr. P11 163	19,99 €

PDF-Schullizenz (je Band) 80,- €

3.-4. Klasse		Nr. 11 164	26,80 €
(80 Seiten)	PDF	Nr. P11 164	21,49 €

86,- €

Hör mal!   Hörverstehen trainieren

Mit „Hör mal!" wird das Hörverstehen am Beispiel realitätsnaher Situationen trainiert: Die Kinder hören Informationssendungen, Reportagen, Interviews, Lieder und literarische Texte, sie nehmen an Gesprächen und Diskussionen teil und sie lösen Aufgaben zu den vielfältigen Tondokumenten. Sie verschaffen sich dabei allgemeine Informationen über ein Thema (globales Hören), filtern Wichtiges aus Unwichtigem heraus (selektives Hören) und handeln und reagieren auf gehörte Anweisungen (detailliertes und geführtes Hören). Die Kopiervorlagen weisen unterschiedliche Schwierigkeitsgrade auf und erfordern verschiedene Sozialformen.

1.-2. Klasse		Nr. 11 337	27,80 €
(104 Seiten)	PDF	Nr. P11 337	22,49 €

PDF-Schullizenz (je Band) 90,- €

3.-4. Klasse		Nr. 11 338	26,80 €
(96 Seiten)	PDF	Nr. P11 338	21,49 €

86,- €

3.-6. Schuljahr

Autorenteam Kohl-Verlag

Lesetexte Herbstzeit

Texte in drei Niveaustufen

KOHL VERLAG — Lernen mit Erfolg

www.kohlverlag.de

Nutzen Sie unseren bequemen Onlineshop!

• Ausführliche Informationen
• Aussagekräftige Leseproben
• Schnäppchen & besondere Angebote

www.kohlverlag.de

Lesetexte Herbstzeit
3.-6. Schuljahr

1. Auflage 2015

© Kohl-Verlag, Kerpen 2015
Alle Rechte vorbehalten.

Inhalt: Autorenteam Kohl-Verlag
Coverbild: umberto leporini & Africa Studio - fotolia.com
Grafik & Satz: Kohl-Verlag
Bildquellen:

Seite 3-4: Hintergrund © Jag_cz - fotolia.com; Seite 5-9: Hintergrund © E. Schlittenhelm - fotolia.com;
Seite 6, 8: © marga - fotolia.com;
Seite 10-15: Hintergrund © smallredgirl - fotolia.com; Seite 16-21: Hintergrund © jag_cz - fotolia.com;
Seite 16: © Africa Studio - fotolia.com; Seite 18: © PhotoSG - fotolia.com,
© erntekrone franklausg wikimediacommons; Seite 19/20/21: © Clipart.com;
Seite 20: © Ramlingen Erntefest Erntekrone creative Commons CC -by-sa-3.0 de;
Seite 22-27: Hintergrund © Maksim Shebeko - fotolia.com; Seite 22: © Maksim Shebeko - fotolia.com;
Seite 24: © JenkoAtaman - fotolia.com; Seite 26: © Csaba Peterdi - fotolia.com;
Seite 28-33: Hintergrund © EpicStockMedia - fotolia.com; Seite 28: © EpicStockMedia - fotolia.com;
Seite 30: © iceteastock - fotolia.com;Seite 32/33: © peony - fotolia.com;
Seite 34-39: Hintergrund © Alexander Raths - fotolia.com; Seite 34: © Alexander Raths - fotolia.com;
Seite 34/36/39: © snyggg - fotolia.com; Seite 38: © cartoon images - fotolia.com, cartoon images - fotolia.com;
Seite 40-45: Hintergrund © andreiuc88 - fotolia.com; Seite 40: © diego 1012 - fotolia.com;
Seite 42: © Eric Isselée - fotolia.com; Seite 44: © Gina Sanders - fotolia.com;
Seite 46-51: Hintergrund © creativenature.nl - fotolia.com; Seite 46/48/50: © chairman - fotolia.com;
Seite 52-57: Hintergrund © Karin & Uwe Annas - fotolia.com; Seite 52: © Guido Grochowski - fotolia.com;
Seite 55: © H. S. Photography - fotolia.com; Seite 55: © Marina Lohrbach - fotolia.com;
Seite 59: © Pixelot - fotolia.com, namosh - fotolia.com

Druck: farbo prepress GmbH, Köln

Bestell-Nr. 11 733

ISBN: 978-3-95686-718-7

Das Werk und seine Teile sind urheberrechtlich geschützt. Jede Nutzung in anderen als den gesetzlich zugelassenen Fällen bedarf der vorherigen schriftlichen Einwilligung des Verlages. Hinweis zu § 52a UrhG: Weder das Werk noch seine Teile dürfen ohne eine solche Einwilligung eingescannt und in ein Netzwerk eingestellt werden. Dies gilt auch für Intranets von Schulen und sonstigen Bildungseinrichtungen.